金钱的有缘人和无缘人的心理法则

日本最狡猾的心理学家、畅销书作者内藤谊人揭秘金钱与心理的博弈！

【日】内藤谊人 著 池淼 译

ZHEJIANG UNIVERSITY PRESS
浙江大学出版社

想赚钱吗？想买得聪明购得合算吗？

这就是一本专为拥有上述心愿的您而写的心理学书籍。

为什么是心理学，而不是经济学、金融、会计或投资呢？

这是因为，正是想赚钱的欲望，想买得聪明合算的愿望，决定了人们的行动(经济活动)。

实际上，决定你自身行动的，并非基于缜密的逻辑计算而得出的理性判断。

引导你展开计算的可不是别的，正是你的欲望和你的心愿。这种最为基本的感情，促使你在内心打起了小算盘，引导你开始行动。

只不过，这算盘打得合理与否，可就值得商榷了。因为，毕竟人的心思可是没法靠计算来衡量的。

自以为做出了准确的预测成竹在胸，实际却差之千里落得满盘皆输。

自以为精打细算捡了个大便宜窃喜不已,过后却又捶胸顿足悔不当初。到底为什么,自己总是会做出错误的抉择呢?

这种失败任何人都会经历,而究其原因,正是由于我们没能做出合理的判断。

举个例子来说,假设你为了节省哪怕一块钱的电费,而在节电节能上费尽了心思。这么努力坚持一年下来,也许能省下个几千块日元(注:一千日元约合 50～60 元人民币)。然而转眼你就花几十万日元来了趟海外旅行,以褒奖自己这段时间付出的努力,这么一来,劳心费力省下来的这点钱也就显得微不足道,毫无意义了。

来到旅行目的地的宾馆之后,你又觉得,反正不管怎么节省水电,住宿费也都是一样的,就开始毫无节制地大开电灯和空调,努力节约的那点电量也转眼浪费得一干二净。

我们总会不经头脑地做出这类毫无道理可言的行动。

在追求合理性之前,总会优先依据自己的感情和心理做出判断,这就是导致我们做出这种"非合理性"的行动的原因所在。

如果你认为自己是与金钱无缘之人的话,那么究其原因,可能正是因为你总是在不断做出"非合理性"的判断。

因此,为了走上与金钱有缘的人生,心理学就变得不可或缺了。

为什么无法做出合理的判断呢?是怎样的心理活动导致我们判断错了方向呢?只要搞清楚这些问题,就能做出正确的选择,从而进行正确的经济活动。

我们的经济活动,已经无法脱离心理学来进行探讨了。

最早将心理学理论引入经济学的人,是美国普林斯顿大学的丹尼尔·卡内曼(Daniel Kahneman)教授,以及已故心理学家阿莫斯·特沃斯基(Amos Tversky)。

他们通过多次的实验证明,对于不确定的事物,人类必然无法做出合理的决策。

他们的研究被称为"行为经济学",卡内曼因其出色的研究成果,最终荣获了2002年的诺贝尔经济学奖。

随着该理论的迅速推广,心理学范畴的"行为心理学",以及随之兴起的脑科学范畴的"神经经济学"这一新领域的研究,开始突飞猛进。

本书将以上述的最新研究成果为基础,并参照实际实验中得出的数据,与大家一同探索步入与金钱有缘的幸福人生的妙计良方。

下面为大家简单预告一下，本书将针对哪些话题展开讨论。

○ 你满怀自信做出的判断，实际上大多是错误的。本章我们将遵从你自己的心声—探其原因所在。（第一章）

○ 想方设法去赚钱，却总是落得个失败的下场，这正是因为你已深陷"心灵的陷阱"。本章将向你揭示"心灵的陷阱"这个"怪物"的庐山真面目。（第二章）

○ 我们总以为自己是凭借自由的意志、以自由的方法而做出行动的，实际上这种认识却是大错特错的，我们总会受到身外之物的操纵，其影响之深定会令你瞠目结舌。（第三章）

○ 通过适应、拥有、切身体验，人类一直以来的观念就会产生180度的大逆转。人类甚至拥有仅仅通过想象，就能够将幻想化做现实的力量。（第四章）

○ 压倒理性，进而支配我们的是情感。良心以及罪恶感等情感所催生的无经济价值行为

指的是什么?(第五章)

我们的行为到底有多么不合理,有多么难以解释,为了能让诸位读者与我们共同思考,本书可谓下足了功夫。

在共同思考探究的过程中,相信我们也会更加清晰地正视自己的心理。只要能从明晰的视角出发,我们看待金钱的态度也将得到转变。

只要改变看待金钱的态度,或许你就有机会踏上与金钱有缘的幸福人生了。

作 者

目　录

第 1 章
你的判断永远是错误的　// 1

总是不断算计得失
以图做出合理的判断
然而这种想法本身就是"不合理"的　// 3

一旦被金钱蒙蔽了双眼
就会丧失冷静做出错误的判断
其原因何在？　// 9

被颇具吸引力的"添头"牵着鼻子走
不知不觉间竟买椟还珠地
为"添头"买起了单　// 13

越是依赖情报
就越无法在金钱方面
做出确切的判断　// 19

只因语言组织方式不同
对同一件事的解读
竟会差之千里　//22

即便面对完全不成立的理由
有时我们也会放弃做出判断
随波逐流　//27

第2章
与金钱无缘之人的心理　//31

排队排得身心俱疲
明明很清楚继续排下去也只是浪费时间
可不知为何却又不愿放弃　//33

"想炒股赚钱""还想稳赚不赔"
越这样想反而赔得越多
最终陷入无法抽身的窘境　//41

从众则安心
跟专家走准没错
正是这种想法总让你蒙受损失　//46

面对诱惑斩断了一时欲望
当这个机会再度降临时
我们还是会无动于衷地放机会再次溜走　//51

只有近期才具有现实意义
远期不过是非现实的
这种想法只会让你不断蒙受损失　//58

右手无名指
比食指长的人
更适合证券投资　　// 62

明知已经搞砸了
却不愿意面对现实
只好眼睁睁地看着金钱跑掉　　// 69

第3章
自以为做出了选择　　实际上却是被挑选的那个　　// 75

去寿司店吃饭
一定会点松竹梅中的"竹"
这可不是你们家的专属选择　　// 77

以为买或不买
都是自己做出的判断
实际上也有可能是别人帮你做的　　// 82

情急之下做出的决定往往是勇气十足的博弈
而花时间深思熟虑地做判断
反而更容易"瞻前顾后"　　// 88

可挑选对象的多寡
甚至可以改变
你想购买的物品种类　　// 94

奖品数越多中奖率越高
价钱越贵质量越好
这毫无道理的结论只不过是你的一厢情愿　　// 100

第 4 章

丑八怪也会越看越顺眼 // 105

再其貌不扬的艺人只要多见上几次
也会不知不觉对其产生好感
甚至开始觉得他帅气逼人,这又是为什么?   // 107

原本很讨厌的东西
一旦实际拥有了,体验过了
很可能也就喜欢上了   // 113

精挑细选
耐心比对之后买下的商品
实际上却未必更优质更良   // 120

为什么
人的心总是很容易被
红心夺走?   // 126

无论怎样离谱的天方夜谭
听多了就会信以为真
落入陷阱   // 130

第 5 章

罪恶感支配行动   // 135

同样是钱
来路不同
花法竟也会天差地别   // 137

只要能感觉到视线
我们就会正义感十足
难行恶事 //141

不管想在人前表现自己的欲望有多强烈
要是看起来不够出风头
也就不会做无用功了 //145

若以报复为目的
就会毫不在乎地做出
对自己百害而无一利的事 //152

为摆脱罪恶感
人们会主动行使善举
不过罪恶感是可以通过金钱来抵消的 //158

投资机会虽千载难逢
可若要为之举债
倒不如就此放弃 //163

后　记　感情扰乱你的判断 //168

5

JINQIAN DE
YOUYUANREN HE
WUYUANREN
DE XINLI FAZE

第 **1** 章

你的判断永远是错误的

你属于下面哪个类型呢？

是买东西之前总要货比三家、详细调查，然后才敢掏钱下单？

还是常常冲动购物，买或是不买基本看心情？

其实你的选择与你到底属于哪个类型，并没有什么关系。因为无论哪个类型的人，几乎都一致认为货比三家的基础上做出的选择才更合理，这无疑是人们的共识。

反之，即使全凭一己之好恶、感情用事做出了判断，只要自己能够接受，那么这次购物经历就是足以令人满意的。

即使花了大价钱，只要能从购物中获得满足感，那么你就绝对没有买亏。

因为比起金钱的盈损，优先个人情感才是最为合理的判断。不管周围的人说什么，只要你自己有满足感，就足够了。

那么接下来我们将讨论的，是当

我们将盈损得失放在第一位时的判断方法。

也就是说,当我们撇开个人好恶等情感因素,以"哪个更合算""哪个更省钱"之类经济上的观点出发做出购买判断的情况。例如给家里的电视更新换代,对比做晚餐时要用的肉类,研究钱该存进哪家银行,该买哪种保险,哪家的旅行套餐性价比最高,等等。那么在面对这些问题时,我们真的能做出"合理"的判断吗?

我们总以为自己是在合理判断的基础上,精挑细选一番之后购入的,但如果告诉你,事实上这些判断都是"不合理"的,你会做何感想呢?

不不,还是换个说法吧。

实际上,**那些你自以为合理的判断,其中大多数都是"不合理"的。**

你做出的判断合理吗?

现在,让我们做一个心理实验。希望读者们能和我一起思考一下。

你打算卖掉现在开的汽车,换一辆新车,于是来到了车行。

第一家 A 车行的新车售价是 295 万日元,旧车的收购价为 80 万日元。

第二家 B 车行的新车售价是 285 万日元,比第一家便宜 10 万日元,但旧车收购价则是 70 万日元。

汽车型号相同,且不考虑消费税因素。

那么,A 车行和 B 车行,你将会选择哪家以旧换新呢?

很多人应该已经注意到了,实际上,不管在哪家车行换新,总支出金额都是 215 万日元。

B 车行的新车售价虽然便宜 10 万日元,但 A 车行的旧车收购价则要比 B 车行高出 10 万日元,所以综合考虑,无论选两家中的哪家,价格都是一样的。

然而,大多数人却会选择新车售价较为便宜的 B 车行。

美国马里兰大学的乔伊迪普·斯里瓦斯塔瓦(Joydeep Srivastava)通过实验证明了这点,他表示,想买新车的人终究是立足于"买家"立场的,因此相较于"贩卖"旧车,他们的眼光是优先"购买"的,所以便导致了这种结果。

实际数据显示,选择 B 车行的人占了 73%,而选择 A 车行的人仅占 15%。

理性地思考一下就会明白，二者之间其实并没有任何差异。支出的金额是完全相同的。

然而，只因自己站在买方立场上，就会想当然地认为选择 B 车行更加便宜合算，进而产生选择的差异。

接下来让我们再做个更加令人惊讶的实验。

想象一下，你打算购入一款音乐播放器，并在为此攒钱。然后很幸运的是，这款商品竟然开始了为期仅一周的半价促销活动。当然，你肯定满心欢喜，打算马上买下它来。

然而，这时你正在用的另一样电器（比如说电脑或者打印机之类的）出现了故障，可能要花钱修理。

那么问题来了，如果是你的话，会做出怎样的判断呢？

是不能错过这个千载难逢的好机会，买下音乐播放器呢，还是因为需要预留出修理费，就把购买音乐播放器的计划延后，暂且放弃呢？

在这个心理实验中，一开始打算趁半价促销购入音乐播放器的人数达到了 91％，占压倒性多数。

不过，令人意外的是，一旦得知修理故障电器要花钱,就会有相当一部分人转而优先修理手头的电器,放弃半价促销的机会了。

最终,不在乎修理费用坚持购买音乐播放器的人数骤降至 29%。

主持该实验的美国斯坦福大学心理学家安东尼·巴斯塔迪(Anthony Bastardi)指出,**我们往往会将原本毫无关联性的情报纳入自己的考量范围,并以此为依据做出不合理的判断。**

也就是说,从合理性的角度进行思考的话就会发现,心仪的音乐播放器与待修电器,这二者是毫无关系的,完全可以分开来考虑,没有理由只能选择其中一个。

因此,优先仅为期一周的促销,暂缓修理电器,等手头宽裕了再修才是最为合理的判断。

故障电器也总归是要送去修理的,只是修理费掏得或早或晚。只有这点是不会动摇的,以此规划行为才是正确的选择。

所以不考虑那些多余的事情,直接做出最合算的购物选择就行了。

然而,受到"修理要花钱"这一情报的影响,很多人都会对这些合理的好处视而不见,放弃了半价促销的机会。

你去逛庙会,来到了几家炒面摊前,第一家炒面 500

日元一份,另一家卖 550 日元。理论上当然是在便宜 50
日元的那家买才既经济又实惠。

可是比起在满脸凶相的大爷家的摊子上买 500 日元
一份的,你宁可转投隔壁温柔漂亮的大姐家的摊子,这样
心里也会舒坦些。哪怕贵上那么一点,这时候我们还是
会不由自主地将感情放在优先的位置。

不管怎么努力进行理性的思考,无论怎样努力回避
损失以求获利,"你的观点"以及"无关的情报",会很轻易
地使我们的判断被感情牵着鼻子走,一个不小心就做出
了不合理的判断。

[自以为自己是在进行理性的思考,却没有意
识到这种自以为是的想法本身就是不理性的。]

诱导我们轻易做出不合理的判断的最大诱因之一，就是"金钱"。

在前文选择车行的测试中，人们的判断标准是买下的价格有多便宜；而放弃心仪的音乐播放器的理由，则是为了减少支出。

但是，如果判断标准是"金钱"，我们依此做出的判断就是有意义且有益处的吗？这又要另当别论了。

无论哪个心理实验，其结果都算不上合理。在音乐播放器的案例中，我们的判断更是让自己蒙受了损失。

正是被金钱蒙蔽了双眼、扰乱了判断，最终导致我们做出了不合理的选择。

不过，肯定会有读者会自信满满地反驳道，"我可要聪明得多了"，"我可从没被金钱牵着鼻子走"，"我所做的判断都是合理的"。

那么，这里有个心理实验，正好可以证明"一旦被金钱蒙蔽了双眼，就一

一旦被金钱蒙蔽了双眼

就会丧失冷静做出错误的判断

其原因何在？

第1章 你的判断永远是错误的

定会做出错误判断"这个结论,接下来容我细细道来。

金钱欲招致错误判断

美国宾夕法尼亚州立大学心理学家玛格丽特·梅洛伊(Margaret Meloy)以 180 名学生为研究对象,进行了一项实验,以证明金钱欲和错误判断之间的关系。

梅洛伊将学生们分为两组,并交给他们一些现实中存在的宾馆和餐厅的资料简介,给他们阅读。然后让他们参考文章内容,给这些宾馆和餐厅评分。

学生们做的,就是类似于那些给宾馆餐厅评三星级、五星级一类的工作。

实际上,这些宾馆和餐厅本身已经由专家给出了评价(评级)。这次实验的目的,是调查学生们仅通过阅读简介所给出的评分,能有多接近专家评级。

不过同时,实验过程中梅洛伊会告知一半学生"如果结果足够接近专家的评价,就会得到一笔奖金",以这一条件刺激学生们的金钱欲。

于是最终,得出了一个非常有趣的结果。

没有被告知报酬的学生们完成这项作业所花费的时间平均为 5 分钟,被告知可能会得到报酬的学生花费的时间约为 7.1 分钟,比前者多花费了 42% 的时间。

报酬的有无,毫无疑问地影响了人们付出努力的多少。

因此,为了催人奋进,给出适当的诱饵(报酬),就可以有效地激起人们的积极性。

而另一方面,学生们给出的评价又与专家的评价有多接近呢? 在这一点上得出的结果可就有些令人意外了。

最终结果是,得不到报酬的学生们给出的评价,与专家有 0.40 的偏差,而为了获取报酬在评分上花费了更多时间的学生们给出的评价,其偏差竟高达 0.76,几乎是前者的两倍。

也就是说,在金钱欲的刺激下花费了更多的时间,深思熟虑之后所做出的判断,却往往是错误的。

这又究竟是为什么呢?

只要自己付出努力就能拿到钱的话,谁都会愿意花费时间和精力,努力做出成果的。

那么从常识来讲,耗费那么多时间所做出的判断应该更接近正确答案才对。

然而,他们的努力却落得个竹篮打水一场空的结局,完全没有得到应有的回报。

恐怕这是因为，金钱欲这个有色眼镜迷惑了他们的视野，扰乱了他们的判断吧。

为了得到报酬毫无章法地行事，不知不觉间就做出了鲁莽的行为，学生们也正是这样，用力过猛，反而导致迷失了判断的方向。

金钱，就是拥有这种让人轻易陷入疯狂的力量。

［过于在乎金钱，便会被金钱蒙蔽双眼，这将导致你做出错误的判断。］

你的钱包里放着多少种积分卡呢?

家电大卖场的积分卡、超市积分卡、电子付款充值卡、餐馆的积点卡、航空公司的里程积分卡等等,一般人手头或多或少都会有几张吧。

这些卡片的作用,一般就是积分兑换礼品呀,有会员折扣返点啊,或者升至某个级别之后会得到某些相应的优惠等。

然而这些积分之类值点小钱的东西,无非是在你进行消费的基础上附加的一点"添头"罢了。

不过"添头"本身是颇具魅力的,沉迷于搜罗"添头"的人可不在少数。

"添头"可是具有让我们心跳加速的魅力。

因此在这种魔力的作用下,我们就会对真正的目的,以及事物原本的姿态视而不见。这到底是怎么一回事呢?

被颇具吸引力的"添头"牵着鼻子走

不知不觉间竟买椟还珠地

为"添头"买起了单

美国康奈尔大学的理查德·塞勒（Richard Thaler）教授，通过实验证明了人类心理这不可思议的一面，接下来我将与诸位分享一下。

塞勒向 87 位实验参加者介绍了以下两种不同的情况，并要求参加者们回答，身处哪种情况会让他们觉得更加不愉快。

A 先生．车子在停车场被撞了，他花了 200 美元修车。同一天，他买彩票中了 25 美元。

B 先生．同样是车子被撞，而他修车花了 175 美元。

那么，希望大家能思考一下。

你觉得 A 先生和 B 先生谁的情况，能相对而言让人觉得没那么不愉快呢？

想必你已经注意到了，其实二者支出的总金额是一样的，都是 175 美元。

然而，在这个心理实验中，绝大多数人都认为，相比之下，A 先生的遭遇会让他们的心里稍微好受点，没那么不愉快。

因为开销稍微回了点本儿，这就足以让 A 先生的不快感减轻了。

塞勒称这一心理现象为"收支平衡（break even）效应"。

这个实验中的彩票和"添头"是一样的。买彩票中的25美元是意外之喜，也就是所谓的"添头"，但这笔收入也是可以令你的开销稍微得到一些弥补的。

只要"添头"能或多或少弥补哪怕一点点损失，人们就能从中感受到极大的喜悦。

颠倒众生的"添头"的魔力

按照这个理论，还可以出现以下这种情况。

A先生的车子在停车场被撞，修车花了250美元。同一天他买彩票中了50美元。另一边，B先生也撞了车，但他修车只花了175美元。

看总开销的话，A先生其实多掏了25美元。

然而，就因为捡了50美元的便宜，就会让人们产生挽回了50美元损失的错觉，最终，很多人都会对A先生的情况更满意。

当然这些无非只是假设罢了，上文给出的，只是一种极端的情况。

但事实上，你也应该有过被"添头"蒙得团团转，最终花了冤枉钱的经历。

例如，为了附赠的玩具不停买零食这种舍本逐末的行为。

不知从何时起，购物时附带的"添头"，竟然被拿到了台面上，成为支配你做出判断的重要砝码。

举例来说，你来到家电卖场买东西。你最想买的某型号的电视机只有5％的返点，而其他品牌的电视机则有15％的返点。

因为返点在日后可以当"钱"用，实际上就相当于返现了。

于是因为这些返点，你放弃了原本想买的商品，选择了其他的品牌，只为了得到"添头"。

再换一种情况，比如说你今天身体不太舒服，特别想来碗清凉爽口的荞麦面，然而这时你突然想到，自己还有一张拉面的积分卡，只要再积一分就能免费兑换一份拉面了。

于是，你为了用上这张积分卡，订了碗拉面，这时候自己的身体反倒被摆在次要位置了。

现实生活中，还有更为极端的例子，那就是航空公司的航空里程计划。

所谓航空里程计划，指的是乘客每次乘坐飞机，都会根据其飞行距离得到相应的里程奖励,积攒够一定的里程数后,便有机会得到免费的机票,是一种非常受欢迎的面向乘客的优惠服务,用户甚多。

里程计划也与信用卡公司合作推出了各种颇具诱惑力的联合优惠项目,即使不坐飞机,只要刷卡刷够一定的金额,也能获得相应的航空里程奖励,享受此类优惠政策的信用卡,这一活动自然吸引了众多用户。

由此便催生出了一种极为不可思议的现象,航空里程原本只不过是人们在乘坐飞机,也就是购物的过程中所附赠的"添头"罢了,但在下面的例子里,获取里程竟然喧宾夺主地成了"目的"。

还差一千里程就能得到飞往北海道的免费机票了。于是你就想,得赶紧花点钱随便买些无关紧要的东西,尽快赚够返点兑换机票才行。

更有甚者,还会干出下面这种事。

再攒够一万里程就能兑换一趟夏威夷旅行了,于是就一不做二不休,索性花钱从航空公司直接买下了这些里程。因为这么做相对而言在价格上还是有一定优惠的,所以实际上做出这种选择的人可不在少数。

于是,原本的"添头",不知何时竟摇身一变成了"目的",人们开始为"添头"主动掏起了腰包。

"添头"竟然就这样支配了我们的选择。

明明自己的行为已经彻底背离了原本的目的,我们却依然窃喜不已,这都怪"添头"的魔力让我们产生了幸福感,总之,都是我们的心理惹的祸。

[即便被"添头"蒙得团团转,只要自己觉得满足,也算是一种幸福吧。]

我们总以为,面对 A 这种物品,我们无论何时都能准确地判别出它就是 A,但这其实只不过是我们的一厢情愿罢了。

这又是为什么呢?因为我们在辨别 A 的时候,总是会随之汲取 A 身上的各种情报,并将这些情报进行总结归纳,最终才能得出"此物为 A"的结论。

因此,当我们获取的情报内容发生变化的时候,A 也就很轻易地摇身一变,变成"不是 A"的其他东西了。

对于这点,接下来我将举一个简单易懂的例子向大家说明一下。

在你面前放了两种保健饮品,售价分别是 1000 日元和 2000 日元。那么你觉得哪种保健饮品会更有效果呢?

这时候,如果有人选择了 1000 日元那种的话,估计肯定有很多死脑筋的人要提出质疑了。

因为大部分人都会根据价格这一"情报"，得出 2000 日元的保健饮品更有效果的结论。即使这两种保健饮品根本就是同一种商品，品质上也没有任何差别。

1000 块也好，2000 块也罢，只不过是一条有限的情报罢了，可一旦着了这个情报的道儿，做出"价贵则效佳"这种判断也就是水到渠成的了。

仅仅价格设定这一个因素，就足以让我们的判断轻易发生改变。

而且，人类的强大之处在于，当我们实际喝下这些饮品的时候，竟然也会产生价格高的效果更好的"实际感受"。

被昂贵的价格和豪华的套餐内容所蒙骗，全然不在乎自己实际上喝下的是什么，只是不加思考地对"特效"深信不疑，然而实际上似乎也真的产生了不错的疗效，这种现象被称为"安慰剂效应（placebo effect）"。

人类只要在心理上认为自己吃的是药，那么即使吃下的是假药，有时也会得到与真药相同的疗效。因此，在进行新药的临床试验时，往往会在一部分实验对象身上使用假药，以此作为比较对象。

正如上文所述，我们的判断很容易因为获取的种种情报而彻底改变，不仅如此，只要毫不质疑地笃信自己的判断，一些完全不可能存在的效果竟也会化为现实，这种事也只能用不合常理、不着边际且不可思议来形容了。

[我们总是在寻求获取"情报"，也正因如此，反而往往会被"情报"所操纵。]

只因语言组织方式不同

对同一件事的解读

竟会差之千里

仅仅是提出话题的方式不同，我们的判断也会毫无操守地瞬间调转个个儿。

那么，就让我们一起思考一下下面这两个问题吧。

问题 A. 请您谈下对现任内阁总理大臣①的看法。他目前所推行的经济政策颇受好评。那么您会为他打几分呢？

问题 B. 请您谈下对现任内阁总理大臣的看法。他目前所推行的外交政策饱受批评。那么您又会为他打几分呢？

同时回答这两个问题，似乎有一定的难度。但其实这两个问题本质上都是在问我们个人对首相的评价。然

---

① 内阁总理大臣，日本内阁的最高首长，政府首脑，即日本首相。

而面对 A 和 B 这两个问题,我们却不由得想给出不同的答案。

问题 A 的问法,会让人感觉,这个问题只是针对良好的经济政策在征求人们的看法,因此人们也会倾向于只针对经济政策做出回答。

反之,问题 B 的问法则会让人觉得,这个问题是在征求人们对饱受恶评的外交政策的看法,于是人们也就不由得把外交政策以外的意见都抛诸脑后了。

实际上,这种改变提问方式的做法,会极大地影响到我们所给出的分数。下面这个心理实验就证明了这一点。

芝加哥洛约拉大学的心理学家埃德温·格罗斯(Edwin J. Gross)以 175 位市民为实验对象,对他们进行了如下的采访。

他向市民们出示了某款圆珠笔,并向其中一半的市民提问道:"你喜欢这款圆珠笔的什么地方?"然后,又紧接着问他们想不想得到这支圆珠笔,最终有 36.1% 的市民给出了"想要"的答案。

而另一半市民听到的问题则反之:"你不喜欢这款圆珠笔的什么地方?"这次再问他们想不想得到这支圆珠笔,则回答"想要"的人只占了 15.6%。

也就是说,根据前面的问题发掘了圆珠笔的"优点"

的人，就会"想得到"这支笔，反之，把注意力放在"缺点"上的那些人，则对这支笔没什么兴趣。

于是，同样面对 A 这件物品，只需要改变一下提问的角度，就可以轻易将人们对它的印象以及感想操控于股掌之间了。

语言的组织方式足以改变思考方式

对于内容完全相同的一件事，我们选择用怎样的措辞去描述它，以及提问的重心集中在它的哪一方面，都可以极大地改变对方对这件事的印象。

这在心理学上被称为"框架效应（framing effect）"。即通过特定的描述方式，从而将人的偏好引入某个框架之内的手段。

接下来以一个具体的实验为例说明一下。

美国达特茅斯学院商务学院的普南·凯勒（Punam Keller）教授进行了一项使用了框架理论的心理实验。

实验的主题是乳癌诊查的重要性，分别给出 A、B 两个宣传语。

A："发现越早，疗效越好。"

B:"发现过晚,无力回天。"

A 的宣传方式是积极、向上的。

B 的宣传方式则很消极,更倾向于煽动人的恐怖情绪。

那么,到底哪种宣传方式,更能让人们认识到乳癌诊查的重要性呢?

实验的结果显示,煽动人恐怖情绪的 B 宣传语,能让人接受乳癌诊查的意愿更加强烈。

也就是说,这个案例通过营造消极的框架效应,成功说服了对方。

当然,也有相反的案例。

根据美国明尼苏达大学的亚历山大·罗思曼(Alexander J. Rothman)的研究表明,在劝说病人接受手术时,比起告知病人"600 人中只有 400 人死亡","600 人中有多达 200 人存活"的说法,会令病人的同意率上升。

其实无论哪种说法,传达的情报都是"存活率为三分之一"。医生也只是将完全相同的情报告知于病人罢了。

然而只是让病人不去关注"死亡",而将焦点集中在"治愈"上,病人就会产生"那就接受手术赌一把吧"的想法。

那么这个案例,则是通过积极的框架效应说服了对方。

上面的两个案例说明,我们即使面对的是完全相同的事物,也往往会受到语言表达方式不同的影响,从而做出彻底相反的判断。

虽然只是一个极为简单的心理法则,但是比起"她有50％的可能是不喜欢你的",人们还是更爱听"她有50％的可能会喜欢上你"的说法。

如果有人对我们说"失败的概率是50％",我们就会习惯性地觉得"肯定要失败",可倘若听到的是"成功的概率是50％"的话,就又会觉得"肯定会成功"了。

[本以为自己的判断是确凿无误的,但实际上,只要换种说法,我们可能就会立刻给出完全相反的答案了。]

面对同样的东西，只要我们的看法一变，判断也就如墙头草般随之变了又变。然而更令人头疼的是，我们还总是习惯于在得出结论之前就放弃做出判断。

这又是怎么一回事呢？首先，让我们来看看这么一组有点诡异的实验数据。

美国哈佛大学心理学家艾伦·兰格（Ellen J. Langer）在该实验中，以来到大学图书馆，准备使用图书馆里配备的复印机的学生们（男性 68 人，女性 52 人）为对象，在他们正准备向复印机里投币时，派出助手（性别有男有女）同他们搭话。

助手们向正准备复印资料的学生们提出了"能让我先复印吗"的请求，只是一个单纯的请求，没有附加任何理由。

结果大部分学生还是很友好的，有 60% 的人将复印机让了出来。

随后，助手又换了个说法，"我想早点拿到复印的资料，能让我先复印吗",这次的请求加上了一个理由。只不过,正如你现在想的那样,这理由根本算不上正当,反倒有些奇怪。

然而,令人惊讶的是,同意让出复印机的人数竟一跃升至93%。

此外,如果以"我有急事"这种较为正当的理由来提出请求的话,最终同意的人数则是94%。

上述结果可以理解为,有理由比没理由更具备说服力。

但到底为什么,只凭这种不知所云的理由,就能让学生们甘心让出复印机呢?

兰格认为,**只要能得到一个理由,不管这个理由有多勉强,人们就会立刻让自己表现得通情达理且亲切。**

这基本上是一种近似非条件反射的反应,人们根本不会去仔细思考自己听到的理由的具体内容。

所以在面对"我想早点拿到复印资料,能让我先复印吗"这种请求时,学生们就立刻扮演起了"亲切的自己",痛痛快快地让出了复印机。

这里要解释一下,某个不充分的、需要说明解释的理由,却被当成了论证某件事成立的前提,这被称为"循环论证法"。

理由即使完全不成立,也足以产生让人失去判断力的效果。

判断力总会轻易罢工

循环论证法可以在以下这些情况中派上用场。

比如说，你对打了一架的孩子训斥道："不好好跟小伙伴相处是不对的！"

孩子很单纯地反问道："为什么不好好跟小伙伴相处是不对的？"

此处我们经常用到的回答则是："因为跟小伙伴好好相处才乖啊，听话。"

这哪里算得上什么理由啊，可基本上，最后所有的孩子都接受了这个回答。大概是因为这种行为会让自己显得像个"乖孩子"，所以也就老老实实地听话了。

还有这种情况，上司对某个一直在做无用功的下属下达了这样的指示："别忙活那个了，赶紧先把这边的工作解决了。"

下属理所当然地会发出这样的疑问："难道做现在这个事情不行吗？"

然而上司也只是如复读机般地说道，"我都说了不用做了，你就别忙活了"，用这种完全不成立的理由随便搪塞了过去。

虽然下属的疑问并不会烟消云散,然而在强大的循环论证法面前,恐怕很少有下属依然会固执地争辩到底、自讨没趣吧。

下属只会想"既然领导都说不用做了,那就不做了呗",就鬼使神差地听令行事了。

"不好好学习怎么行,赶紧给我学习去!"

"我这人可靠谱着呢,你就相信我吧。"

"我想和你交往,请和我交往吧。"

"得多赚钱才行啊,赶紧想点招儿赚钱吧。"

上面这些例子哪个都没有正儿八经的理由,然而听在耳朵里,就是有种莫名其妙的说服力,想必你也已经注意到了吧。

正如上文的事例所述,明明根本没有对对方的说法感到心悦诚服,却还是放弃了深究那些奇怪的理由,不知不觉地开始为对方的主张和要求着想,主动满足对方的期待,遵从对方的意见,这就是我们人类的心理。

正因如此,我们自身的判断也就随之停止了。

[我们的判断力既善变又缺乏准头,更糟糕的是,有时它会任性地罢起工来。]

第 **2** 章

与金钱无缘之人的心理

你打算趁休息日去人气颇高的展览会转转,顺便约个会。可是预售票已经卖光了,不过如果展览馆内的客流情况允许的话,也可以持当日现场票入馆参观,更幸运的是,现场票比预售票还要便宜些许。

于是你兴高采烈地来到了售票处,可那里已经排起了长队。

你打算先排上一会儿看看情况,转眼30分钟过去了,队伍似乎也前进了不少,所以你决定再排会儿看看。

然而,又过去了一个小时,你依然没能排到售票窗口,闭馆时间也越来越近了。

是继续排下去,还是离开?此刻你不得不做出选择了。

是宁可再排上一个小时,也要争取入馆参观呢?

还是彻底忘掉这已经浪费掉的一个半小时,选择在接下来的一个小时里去做些有意义的事情呢?

排队排得身心俱疲

明明很清楚继续排下去也只是浪费时间

可不知为何却又不愿放弃

33

考虑到之前队伍的前进状况，能入馆的可能性貌似已经很低了。

那么，你会放弃排队吗？

越是劳心费力，就越难以收手，人类就是这样。

"等都等了这么久了，再稍微排一会儿也没什么差别。无所谓的啦。"

"现在放弃，未免太可惜了。之前不就白坚持那么长时间了么。"

基本上所有人都觉得，自己已经坚持排了那么久的队，费了那么大工夫，总该得到一点成果、报酬，也就是"回报"才行。

因为放弃排队，也就意味着放弃了"回报"，所以即使我们脑子里很清楚，放弃才是更为明智的选择，却无论如何都不愿意那么做。

并且，放弃"回报"，也相当于彻底否定了之前所付出的努力，我们也不得不去承认，自己之前所做的一切是多么的愚蠢。

所以，与其承认自己是白费工夫，倒不如在能够获得

"回报"的些微可能性上赌一把,这就是人类的心理。

而且,倾注的劳力、时间和金钱越多,与之相应的,我们也就越难从中脱身。

如果排队只排了不到 30 分钟,那么转身离去或许算不上什么难事,可一旦排上一个半小时,我们就会对"回报"越来越执着了。

于是只能硬着头皮继续下去,越陷越深,最终陷入没有退路的境地。

最后你还是没有脱离队伍。排着排着就到了闭馆时间,你只能眼睁睁地看着售票处的大门在面前缓缓关闭。

上文中讲述的这种心理纠葛估计谁都经历过吧。

都在家里闭门苦学了三年了,怎能这么轻易放弃成为律师的梦想呢?

都在这辆心爱的汽车上砸了那么多钱了,怎么能说不要就不要了呢?

为了成为演员,我都已经坚持到这把岁数了,怎么可以就这么一蹶不振下去呢?

明知已到急流勇退之时,但之前付出得越多,就越难以放弃,真是痛苦的纠葛啊!而且,即使艰难地选择了放弃,凭借自己的意识从队伍中转身离去,过后也会不住地在心里念叨"再稍微排一会儿兴许就能进去了",始终恋恋不舍,后悔不已。

人总是格外心疼自己付出的东西

这种心理纠葛,可以说是格外棘手。此类心理用专业术语来讲,叫做"沉没成本效应(sunk cost effects)"。

"沉没成本"的意思是指"对不可回收的事物投入的费用"。

自己的投资量(时间、劳动力、金钱、精力)越多,想回收投资的愿望就越强烈,从而导致我们做出错误的判断,最终无法脱身。这就是沉没成本效应。

下面这则实验的数据证明了这种心理效应。

美国密苏里大学教授唐纳·伯恩(Donna M. Boehne)主持了该实验,实验对象是191位学生。

学生们先假设自己是投资人,接下来他们需要认真地考虑,是否对某个网球俱乐部产业追加投资。

实验中,他们给一半学生提供的情况是"开发计划已经完成了90%",而剩下一半学生掌握的情况则是"开发计划只进展了不到10%"。

最终,前者有 85％的人追加了投资;后者只有 33％的人追加了投资,大部分人都拒绝继续投资。

那么从这个实验结果中,我们能得出什么结论呢?

投资越多,就越会产生为了回收投入的资本,进一步加大投资额度的倾向。即使意识上想尽早收手退出,实际上却往往难以脱身。

但是,如果投资金额尚少,那么就算打了水漂也基本无关痛痒,所以我们反而能果断选择退出。

还希望大家能够注意到这一点,学生们做出判断的依据,并非是这个网球俱乐部的前景和发展空间。

实验中并没有让学生们阅读任何有关开发计划的具体内容,或者开发前景之类会影响他们做出判断的资料,只向他们提供了"开发进展如何"这唯一一个情报。

也就是说,一直以来的投入是多是少,仅此一点,就足以让人做出追加投资与否的判断。

是否继续投资,要不要坚持排队,我们做出判断的依据,其实与最终获取成功的可能性是高还是低并无太大关系。

相反的,一直以来的投资额和付出的劳动力才是影响判断的关键。

接下来这个耳熟能详的故事就是个典型的失败案

例，也就是超音速客机协和飞机的开发计划。协和飞机为英法两国斥巨资合力研发制造，可惜我们现在已经再也没有机会见到它了。想当年英法首脑乘坐协和飞机访日之际，人们可是蜂拥而至，只为了在机场一睹协和飞机的风采。

其实，协和飞机早在研发阶段就已经预料到，这一产品将来会陷入严重的赤字。

然而，因为已经投入了难以想象的巨额资金，也就无法贸然做出停止研发工作的决定。这就叫做"协和效应（concorde effect）"。

落入"心理陷阱"且越陷越深

让我们再来看一组其他的实验数据。

现住纽约的心理学家乔尔·布鲁克纳（Joel Brockner）给了实验的参与者们每人五美元，并以玩一次三美元的价格，让他们参加"猜中卡片上的数字，就能再获得三美元奖励"的猜数字游戏。

结果，参与者们越输反而越对游戏欲罢不能，即使偶尔能稍稍挽回点损失，他们也不收手，而是继续投入更多的钱玩下去。

这个实验也可以证明，"为回收投资成本，而选择继续追加投资"的协和效应。

另外，根据布鲁克纳的调查，对社会表现出的不安感越强烈的人，更容易身陷急于追回损失的陷阱，而在社会上取得成功的人，则更多地表现出，甫一蒙受损失就会尽早从游戏中收手的倾向。

也就是说，**经常蒙受损失的人，反而更愿意采取容易造成损失的行为。**

这在心理学上叫做"圈套（entrapment）"机制。

即使清楚会遭受损失、无法获利，却依然无法否定自己，非要冥顽不化地死撑下去，从而导致损失进一步扩大，最终身陷"心理陷阱"之中无法自拔。

执着于自己的投入，对可能获得的回报贪恋不已，最终导致无法对事实情况展开冷静的分析，反而进一步加大了投入。

此外，容易陷入"圈套"的人大多怀有强烈的不安情绪，并且总是对过去的失败感到懊悔，久久难以释怀。

总愿意打肿脸充胖子，或者总是自视甚高等性格上的原因，导致他们不断做出错误的选择，所以他们总是在不断遭受损失，所以也就无法获得安稳的社会生活。

反之，不过分执着于自己的投入的人，即使得不到回报也会果断放弃，他们敢于否定自己的行为，也就能在增加无谓的投入之前及早收手。

过后，他们会借鉴这次经验教训，将其用于下一次投资之际，这样一来，最终便可将成功纳入囊中。

[不要为排队付出的那点辛苦纠结了，还是冷静想想排这个队到底有没有可能获得成功吧。]

投资炒股的人中，想必有不少都在为同一件事发愁，那就是，赔得多，赚得少。

于是有的人为了提升自己的知识技能，跑去听专家的意见分析，有的人则买了不少专业的参考书籍，可最终还是避免不了失败。

这是因为，炒股失败的最大原因，并不在于技巧和经验不足，而是在于投资者的心理。

"想炒股赚钱"，"还想稳赚不赔"，这种心理本身，就会招致失败。

炒股失败的典型案例

炒股本就是高风险、高回报的投资项目。如果想赚钱的愿望不够强烈，自然也就不会对高风险的股票出手了。

理儿倒是这个理儿，可一旦买了股票，还是会不由得陷入"要是跌了可

"想炒股赚钱"还想稳赚不赔

越这样想反而赔得越多

最终陷入无法抽身的窘境

怎么办啊"，"会不会赔啊,简直担心死了"的情绪中,并为
之焦虑不已。

那么是不是只要股票涨了就没问题了呢？也并非
如此。

人们常会因为总惦记着"兴许还能再涨点",而错过
了逢高卖出的时机,又会因为担心"万一跌了怎么办,心
里太没底了,赶紧卖了吧",刚见到点利润就早早卖掉了。

错过了卖出时机,股票开始下跌了,这时"不想赔钱"
的心理又开始作祟,"再等等兴许就能涨回去了,赔的份
儿就能回本了",这种毫无根据的期待,却鬼使神差地让
我们将股票留在了手中。

其实,股价产生回落倾向的时候,做好赔钱的心理准
备及早卖掉(止损),尽量将损失降到最小才是常规的做
法,是较为合理的判断。

不过,因为"止损"就等于确定了亏损,这与"不想赔
钱"的心情可是背道而驰的,因此想做出这个决断可没那
么简单。

犹豫之间,股价愈跌愈烈,损失也越来越大。

最终面对这个后果,也只能无奈感慨"当时为什么没
能早些止损"而悔恨不已了。我们的心理总是会不由自
主地被不合理的想法所支配。

"坚持着不卖都已经坚持了这么久了,干脆就这么等着它反弹吧",面对越来越大的损失,我们反而会做出这种匪夷所思的判断,将错就错下去。

然而,股价真的能重新涨回来吗?损失真的可以挽回吗?其实根本没人能够保证得了。因为不愿认可自己的损失而不愿做出决断,一拖再拖,其结果也只是让自己被牢牢套住罢了,你的那些乐观情绪只不过是自己的一厢情愿罢了。

尽管如此,"总有一天会涨回去"的期待还是会悄然在你的内心深处占据那么一块位置。

只有勇于与自己的心理做斗争的人才能获得成功

丹尼尔·卡内曼(Daniel Kahneman)和阿莫斯·特沃斯基(Amos Tversky)两位心理学家给我们这种心理活动命名为"展望(前景)理论(prospect theory)"。

这个理论的意思是,**我们在利益面前会选择优先规避风险,而在损失面前,反而会为了挽回损失而采取冒险的行动,进而造成更大的损失。**

如果以这个理论进行推定的话,我们甚至可以说,炒股就是注定会赔钱的。

那么接下来,请你假设自己是一位投资人,当你面临下述情况时,是会继续投资,还是就此收手呢? 请做出判断。

A. 目前,你投资获利 100 万日元。如继续加大投资,将有 80％的概率把利润提高至 130 万日元,20％的概率利润归零。

B. 目前,你投资亏损 100 万日元。如继续加大投资,将有 80％的概率使损失扩大到 130 万日元,20％的概率回收全部损失。

从合理的角度考虑,A 的情况下应该继续投资,在提高利润的那 80％的可能性上赌一把。即使投资失败,也只是利润归零,而且概率是很低的,只有 20％。

而 B 的情况下,选择将损失控制在目前的范围之内,才是较为合理的决定。继续投资也只会让损失进一步扩大,为了避免更为严重的损失,果断"割肉"才是明智的选择。虽然也有将全部损失挽回的可能性,但这个可能性也只有区区 20％,实在少得可怜。

那么,你会做出怎样的投资选择呢?

事实上,很多人都会做出与合理判断背道而驰的投

资选择。

也就是说，A 情况下，很多人都会停止投资确保既得利益，而在 B 的情况下，反而会继续投资。

用展望理论来解释的话，就是我们在已经获利的 A 情况下会选择优先规避风险，而在已经产生亏损的 B 情况下，反而会追逐风险。因此会做出这种完全不合常理的举动。

只要这种心理活动仍在继续，想通过炒股赚钱就不是件容易的事儿，很可能只会落个满盘皆输的结局。

能在股市里淘金成功的，也许只有少数勇于与人类的自然心理做斗争的商业精英吧。

[循心声而行则损，逆心声而行则盈。]

从众则安心

跟专家走准没错

正是这种想法总让你蒙受损失

接下来,让我们继续探究证券投资活动中的心理因素与盈亏的关系。

首先,炒股是从购买股票开始的,那么具体要购买哪一只股票就成为最先需要面对的问题。

事实上,从起步就开始跌跟头的人可多得惊人。

我的意思是,外行很容易在股价较高时发生购买行为,也就是所谓的"逢高买入"。

本以为一只个股行情颇好,便欣而购入,结果自己买入的时期恰恰是这只股票价格的最高点,这类让人完全笑不出来的事情总是频频发生。

那么是什么造成了这种欲哭无泪的结果呢?

这是因为,大部分人选择购入的都是绩优股。

初入股市的人更是有过之而无不及,这是因为他们还没有自主进行个股分析的能力。因为自己的知识储备不足,所以更会产生"绩优股肯定没问题","大家都买了,我还有什么不放心的","这只个股可是证券公司推荐的,肯定靠谱"的错觉。

可是,正因为是业绩优良的绩优股,所以股票价格早已水涨船高,处于高位,很难保证它的价格还会进一步攀升。

这种只要与周围的人采取同样的行动就会产生安心感的心理活动,在心理学上被称为"从众行为(conformity)"。

当你来到一个不熟悉的城市,在陌生的大街上找地方吃饭时,大抵会选择门庭若市的店面,而不会选择无人问津的店面吧。

公司里在搞募捐活动,本来你是打算视而不见的,可一旦有人提醒你"整个部门的可都捐款了",你也就乖乖地跟着掏钱了。

上述现象都是人们为了与周围保持一致,以避免被孤立而表现出的从众行为。

原本,从众行为是我们为了自身的安全而采取的选择,可我们也因此反受其害。

那么按照上文的说法,最终得出的结论岂不是,外行就是不应该碰股票了吗?

非也非也,看了下面的文字你就明白了。

专家的预测并不靠谱

过去的投资研究领域里普遍认为，经常根据错误的情报展开行动的外行人的财富，将来必定会赔得血本无归。

可事实上却并非如此。

外行投资者们往往会依据错误的情报，或者出处不明的情报而做出行动。因此，这些极易被噪声（noise）所迷惑的外行投资者，被人赋予了一个颇具调侃意味的称呼——"噪声交易者（noise trader）"。

曾任美国财政部长以及哈佛大学校长的劳伦斯·萨默斯（Lawrence Summers）就曾指出，虽然不能说噪声交易者们是市场上的常胜将军，但也不能断言他们一定就会失败，并最终退出市场。

正因为他们不清楚自己获得的情报是"噪声"，所以反而会积极地参与对风险的投资。因此，有时他们也会从中赚取到巨额的回报。

也就是说，与专业投资者采取了不同行动的外行，有时反而会比专业人士获利还要丰厚。

另外，还有这么一件有趣的事。

《华尔街日报》曾因为证券专家们预测的准头太差，搞了这么个实验。实验让四位专家各选一只自己看好的股票，然后观察其行情走势。

接着又用扔飞镖的方式，在个股一览表上随便射中了四只股票，然后将这几只股票的成绩与专家精心挑选而出的股票进行对比。

然而，令人惊讶的是，用飞镖射中的股票的总成绩竟然要更好一些。

实际上，如果专家们的预测都值得信赖的话，那么投资者们只要都跟着专家的意见走，就全躺着赚钱了。

然而遗憾的是，这样的好事是根本不可能存在的。能百分百预测准确的专家，根本不存在于世。

《日本经济新闻》也曾经发表类似的报道，证明了外行比专家预测得更为准确（2014 年 3 月 29 日电子报）。

自 2013 年 3 月月末起的 11 个月间，该报邀请了包括专业投资人、分析师、经济学家在内的五位专家，让几位专家与一项由电子报读者参与的、旨在预测市场行情的栏目"行情大竞猜"的预测结果展开一场较量。

最终，预测结果接近实际行情次数最多的竟然是读者，也就是说，外行占据了优势，不仅如此，读者们的预测平均结果也要优于专家的预测。

　　更让人啼笑皆非的是,甚至连预测值与实际值之间偏差幅度较大的,也是专家。

　　也就是说,既能获取内部情报,又能通过各种工具进行高水平分析的专家们所做出的判断,竟然比经济新闻的读者们的判断还要糟糕,这个结果真是够让人瞠目结舌的。

　　专家的意见如此不靠谱,但"噪声交易者"们做出的判断也没有参考价值。

　　也许,在股票交易中始终保持着"没有任何人的判断是可信的"的心态,才是最为安全的。

　　[切记,不跟着专家的权威预测试水才是明智之举。]

面对诱惑斩断了一时欲望

当这个机会再度降临时

我们还是会无动于衷地放机会再次溜走

假设你买的股票价格开始下跌了。

纠结了大半天是否要卖掉之后，最终你还是决定再等一天，先把股票留在手里看看行情。然而，之后股价始终维持在低位纹丝不动，既没持续下跌也没反弹。

那么现在，你其实应该重新审视之前做出的"把股票留在手里看看情况"的判断，继续考虑下一步的对策。

可实际上你又是否能够做到呢？

事实上，绝大多数人都无法收回此前的判断，而是选择了维持现状。

正常来说，如果第二天行情没有发生任何变化，从道理上讲，也应该将该结果视做新的情况，将其纳入自己的考量范围之内，并立即开始重新审视自己此前的判断。

然而，想彻底推翻自己曾经做出的"不卖出"的决策，却并没有那么容易。只要行情不发生太大变化，你还是会遵循着自己之前做出的判断，"把

第 2 章
与金钱无缘之人的心理

股票继续留在手里看看情况"。

看到这里肯定有很多读者要提出反驳了,谁会干这种蠢事啊。要是连重新审视自己判断的能力都没有的话,还炒什么股啊。

那么,看了下面这个例子,你又会做何感想呢?

你到自己非常喜欢的名牌门店里转了转,从店员口中得知,有一款包正在搞特惠促销,打五折,且仅有一件可以享受该优惠。

可是,就算打了五折还是很贵啊,你挣扎了许久,最终还是含泪离去了。

一周之后,你在其他分店看到同款包也在打五折。

那么,这次你会买下它吗,还是会再次放弃呢?

令人意外的是,**很多人一旦第一次决定了"不购买",那么即使再碰到同样的机会,也并不会改变之前的想法,还是不会下手购买。**

面对再次幸运降临的良机,却无动于衷,眼看着机会白白跑掉。这种心理,想必你也并不陌生。

有一个跟踪调查刚好可以证明这种心理现象,接下来就向大家介绍一下。

以色列本-古里安大学的奥莉特·蒂科钦斯基（Orit E. Tykocinski）博士筛选出了一批顾客，这些顾客在面对打二点五折的促销商品时，最终没有发生购买行为，实验小组因此对他们展开了跟踪调查。三天后，实验小组故意让这些顾客再次接触到同样的二点五折促销活动。

然而，这次他们还是没有购买这些特价商品。

其实从合理性的角度来看，即使上次决定"不购买"，但当绝好的机会再次降临时，还是应该重新考虑、重新做出判断才是。

重新斟酌一番的话，就有可能会做出"购买"的决定了。因为他们遇到的确确实实是个颇具吸引力的好机会。

可是他们却并没有重新判断。他们没有推翻此前自己经过一番心理斗争才艰难做出的"不购买"决策，而是选择了维持此前的判断。

面对再次到来的良机，却眼睁睁地任其溜走，这是多么不合理的行为啊！

"不行动"的判断具有长期持续性

人们到底为什么会做出如此不合理的行为呢？

事实上，我们一旦选择了"不做某件事"的不作为的消极行动后，惯性就会开始从中作祟，这种不作为就会不断持续下去，即使再有机会遭遇同样的情况，重新开始"行动"的可能性也极低。这被称为"不作为惯性(inaction inertia)"。

经过一番心理斗争，尽管万般不舍还是没有买下，选择这种"不作为"行为的你，即使再次面对这种绝佳机会，也依然不为所动。

正是因为"已经做出了判断"，"早就定下来了"，所以你才能毫不犹豫地选择"不购买"。

然而，这种判断可绝称不上合理。它会让你无视难得的好机会，反而将"自己在上一次做出的判断"置于优先位置，并拒绝做出新的判断。

只要有好机会到来，我们都应该好好把握，仔细斟酌，这才是合情合理的。正因为我们做不到这一点，才总是无法将机会牢牢握在手中。

接下来，让我们看下另一个例子。

A. 平时售价 20 万日元的欧洲旅行套餐，现在正在搞特价秒杀活动，活动中该套餐售价 10 万日元（限售5份）。

你本想预订，可是排队的人实在太多，最终你还是没有定下来。

一周之后,你发现推出了售价 15 万日元,而且内容完全相同的新套餐。

那么,这次你会预订吗?

B. 平时售价 20 万日元的欧洲旅行套餐,现在正在搞特价秒杀活动,活动中该套餐售价 15 万日元(限售 20 份)。

你本想预订,可是排队的人实在太多,最终你还是没有定下来。

一周之后,你发现推出了售价 17 万日元,而且内容完全相同的新套餐。

那么,这次你会预订吗?

在比利时心理学家玛雷伊卡・冯・皮腾(Marijke van Putten)博士组织的一项心理实验中,她请 146 人阅读了上述题目(但是为了让题目行文更加简洁易懂,实际的文章有稍许润色)。

首先我们来看一下 A 的情况。10 万日元的半价套餐确实极具吸引力,可最终你还是没有预订。

也就是说,一开始你就做出了"不预订"这一"不作为"的选择。于是当你再次碰上 15 万日元的优惠活动时,也就再提不起预订的兴致了。

而实际的实验数据也显示,倾向于预订的心理指数只有 4.9 分(满分 10 分)。

通过这个实验,我们能得出一个重要的结论。

那就是,**我们一旦在面对诱惑时做出了"不作为"的选择,就很容易表现出愈发强烈的"不作为"倾向。**

以壮士断腕般的决心,忍痛放弃了无比心仪的商品,随后这种决心竟愈发坚定,即使再次碰到相同的机会,也再不会下手了。

而 B 的情况,结果则稍有不同。

相比 A 的情况,15 万日元的套餐并不具备那么大的诱惑力,因此"没预订上"的不甘之情也就没有那么强烈。

因此,你反倒会觉得 17 万日元的套餐也还算优惠,便重新考虑起了预订的问题。

实际上,倾向于预订该套餐的心理指数竟达到了 8.4分,比前者要高出许多。

这里我们可以得出以下结论:正因为极具诱惑力的事物过于强烈地挑起了你的欲望,所以当你面对它做出了"不作为"的选择之后,这个选择就很难再次动摇了。反之,如果该事物并没有那么强的诱惑力,你反而会给自己留一点余地,就有可能停止"不作为",并产生新的想法。

在我们眼中极具魅力的事物，自然就具有无比强大的诱惑力。然而，一旦我们抵住了诱惑，这份决心就会持续下去，促使我们继续贯彻"不作为"，以抵挡诱惑再次到来。

即使不作为的决策会让我们遭受损失，我们也不愿再次在诱惑面前伤透脑筋，这就是人类的心理。

［始终坚持曾经做出的"不作为"决策，乃不利己之行为。］

第2章
与金钱无缘之人的心理

只有近期才具有现实意义

远期不过是非现实的

这种想法只会让你不断蒙受损失

说到投资行业，我们可以有证券、基金、贵金属、外汇以及美术品和古玩等多种选择。

那么这项投资今后的估算价值，将来的行情预测，长期前景如何，这些都是需要面对的问题。

那么请你思考一下，如果有下述两只个股 A 和 B 的话，你会选择买入哪只呢？

A. 短期内上涨的可能性极高，但从长线上看，存在不稳定因素，下跌的风险较大。

B. 短期内下跌的风险极高，但从长线上看，存在利好因素，上涨的可能性较大。

面对这种情况，大多数人都会选择 A。

因为选择 A 股票，在短期内并不会蒙受损失，只要在有收益时及时将股票卖掉就万事大吉了,这是大多数人的想法。

另一方面,选择 B 股票的话,是会立刻产生亏损的,而我们的心理总是会倾向于尽可能地规避损失。即使脑子里很清楚,目前 B 股票的股价正处于最低点,过阵子肯定会触底反弹,却还是很难对尚未明确的未来抱有期待。

也就是说,**在对未来进行预测时,我们往往会优先考虑短期前景,而忽视长期前景。**

在面对未来发展空间完全相反的 A 和 B 两只股票时,我们所做出的选择恰好证明了这　点。但从理性的角度考虑的话,优先选择有可能扩大未来的收益空间的 B 股票,才是正确的。

然而,却很少有人能做到从长远发展的角度出发,来做出自己的选择。

因为,设想许久以后才能获得的收益实在太缺乏现实感,所以我们总会不由自主地去优先追求摆在眼前的好处。

长期计划缺乏实在感

接下来,让我们看一下这组实验数据。

美国南加利福尼亚大学的古尔登·乌尔古门

(Gülden Ülkümen)副教授,将学生们分为两组,并向第一组提出了"在下个月的某一周里,你预计会在饮食和娱乐上有多大开销?"这个问题。

最终学生们给出的平均预计消费金额为403美元。

而另一组拿到的问题则是:"在明年的某一周里,你预计会在饮食和娱乐上有多大开销?"

这一次,学生们交出的平均预计消费金额上升到了607美元。

为什么会产生这样的结果呢?

这是因为,当我们面对眼前的问题时,会表现出较为苛刻的态度,这就促使我们做出较为现实的判断,也就不会有浪费的想法了。

而当面对的是很久以后才会到来的问题时,则因为缺乏切身的实在感,于是紧迫感也就随之消失了,我们便会开始放纵自己。

下个月就要去海外旅行了,这可需要一笔不小的开销,想到这里,你立刻就有了紧迫感,开始省吃俭用。

可如果只是因为有"将来要去海外旅行"的打算,才决定为了这个目标而开始节约的话,那么因为这次实在太过遥远的海外旅行,全然不会让我们产生现实感,所以我们还是会继续按照原来的生活方式过下去。

不过，正是由于缺乏放眼长期的前瞻性，利益才总是从我们指尖溜走。

"要是没马上卖掉，再在手里多放一会儿的话，就能再多赚点儿了。"

"要是那天下手的话，就能抄个底了，买赚了。"

"那天要是卖了的话，就能抢个高点大赚上一笔了，错过机会了。"

"想卖却没卖出去，被套牢了，现在也懒得管它了，就让它被套着吧。反正总有一天会涨回来的。"

这些后悔和牢骚，都是我们轻视对长期行情的预估，只为眼前利益疲于奔命所造成的结果。

[一旦成了"近视"，就只能瞅见那点眼前利益了。]

61

第2章　与金钱无缘之人的心理

右手无名指
比食指长的人
更适合证券投资

请看一眼你的右手。

你的食指和无名指，哪根更长一些呢？

如果你是食指更长的话，那我就奉劝你一句，今后可千万别沾股票和赌博了。

我的意思是说啊，这些东西根本不适合你。

这是英国剑桥大学教授约翰·科茨(John Coates)所提出的观点。

科茨通过对部分金融交易员的研究发现，无名指与食指的长度比，与交易成功率有一定的关系。

研究结果证明，在优秀的交易员中，无名指比食指长的男性所占比例较大。

最近也有研究指出，无名指长的男性要更为激进强硬，也更擅长运动和交易。

日本的动物行为学研究者竹内久美子女士曾写过一篇颇具知名度的文

章，其中也对此有所涉及，或许你也曾有所耳闻。

无名指长的男性具有攻击性

一般来说，男性的无名指普遍比食指长，而女性的无名指和食指的长度，则几乎没有什么差别。

食指和无名指长度的差异，是由我们胎儿时期接触到的、影响胎儿性别的雄激素所决定的。

受雄激素影响较人，胎儿的性格特征就会变得更有男性特征。而无名指的长短，则显示出胎儿受雄激素影响程度的大小。

无名指比食指长的人，空间认知能力和运动能力较强，**更擅长体育，更为激进强硬，更有冒险倾向。**

此外，还有无名指长的男性更受欢迎，精子数量更多，具备更优秀的基因等等各种各样的说法。

反之，**无名指较短的人性格温厚，拥有更强的语言能力，规避风险的倾向更强，因此不适合参与赌博或者交易。**也有种说法，认为此类女性更容易受孕，也更愿意选择婚姻。

失败者总是在寻找借口

总有那么一些人，一旦炒股失败了，就会给自己找各种理由，百般辩解。

"我是听了证券公司的推荐才买的。"

"现在这股价根本没反映出公司的实际经营业绩。"

实话说，总愿意找借口的人，将永远是失败者，绝不可能有翻身的一天。

为什么人们在参与炒股或者赌博时，即使失败不断，却仍乐此不疲，不愿收手呢？美国康奈尔大学的心理学家托马斯·季洛维奇（Thomas Gilovich）对这个问题产生了兴趣。

于是他找来 29 名大学生，请他们对本赛季 NFL（National Football League 的简称，即国家美式橄榄球大联盟）联赛的胜负赛果进行竞猜（也就是所谓的赌球）。当然，只是为了实验而进行的虚拟赌博罢了。

然后，当每次比赛结束后，询问这些参与者的看法时，研究人员发现，参与者们赌输时要比赌赢时谈论自己看法的时间更长。

具体得出的数据是,赌赢时平均每人谈论自己看法的时间为 10.70 秒,而赌输时每人则要说上 17.66 秒。

那么从这个实验中我们可以得出,人在失败时会变得更加能言善辩,更愿意寻找借口。

确实,如果能够老实承认自己的失败的话,自然也就不会有那么多辩解和借口了:

"要是四分卫不犯那个失误的话就能赢下来了!"

"那个犯规吹得根本没道理啊!"

"只是偶尔运气不好罢了,我的预测是没有任何问题的!"

像这样,编造一些让自己容易接受的说法,用这些借口自我安慰,借此逃避失败的现实。

对于这个实验结果,季洛维奇解释道,**人即使在赌博中失败了,也会找个借口,以歪曲自己遭遇失败的现实,进而放纵自己不停地赌下去。**

这说明,不愿坦率承认自己失败的人,或者动不动就找各种借口进行自我辩护的人,还是远离股市和赌博比较好。

否则,你只会在不断找借口的过程中,损失越来越大。

试着站在旁观者的角度考虑问题

愿意找借口的人不适合证券投资,而无法成为旁观者的人,也不适合参与这类投资。

那么所谓的"成为旁观者",又是什么意思呢?

举例来说,当你没有参与任何投资时,往往能对股市和外汇行情做出很准确的预测,可一旦自己也参与了交易,却立刻失去了准头,这种事应该并不少见吧。

这是因为,当你在旁观者的立场上时,能够以冷静的眼光,客观地看待市场行情,一旦成为当事者,我们就会失去原来作为旁观者时的客观性,导致判断失误,预测也失去了准头。

此外,在人际关系上,也会产生相同的问题。

当朋友向你咨询恋爱问题时,正因为你处于旁观者的立场之上,才往往能给出恰到好处的建议。

"你还真是没有挑男人的眼光啊!"

"你就这么做吧,女孩子肯定不会反感的。"

想必你肯定有给出类似的建议之后,被朋友感谢一番的经历吧。

然而,一旦自己开始恋爱了,就变得无法冷静地看待现实,开始不停地跌跟头。

"我这个人啊,真是只会看上渣男,真是没救了。哪还有什么资格去教训别人呢?"

"虽然脑子里清楚应该这么做,但还是没有勇气付诸行动,我真是没用啊!"

就像这样,做出与理想背道而驰的行动。

明明作为旁观者,我们是可以做出正确的判断的,可一旦成为当事者,就会立刻被真相蒙蔽了双眼,从而做出错误的判断,接下来的实验也可以证明这一点。

美国密歇根大学的伊森·克罗斯(Ethan Kross)博士在实验中,向 57 名大学生提出了一个经济学问题,即什么样的措施能有效应对经济衰退。

实验中,他要求一半学生以"当事人"的身份,而另一半学生则以"旁观者"的身份,分别站在各自的立场上思考这个问题。

随后将他们的答案交予专家评分,结果,以旁观者的角度给出的答案更为行之有效,得到了较高的评价。

从这里我们可以看出,即使并没有真正成为事实上的当事者,只是假装自己是当事者,或者旁观者,并站在相应的立场上考虑问题,其判断也会发生改变。

并且,从这个实验中还可以得出,只要成为当事者,就会因各种无关因素的影响,导致判断力降低。

正因如此,我们才有必要始终站在旁观者的立场之上,尽量以旁观者的心态思考问题。

不管是炒股还是赌博,只要我们成了当事者,就只能立足于当时所处的立场上做出判断。

然而,就像我之前解释的那样,这时我们的判断能力肯定是要比旁观者低下的。

既然如此,**不妨使自己成为旁观者,让发热的头脑降降温,冷静、客观地重新审视自己,只有做到这一点,才能够将成功牢牢掌握在手中。**

[不找借口,保持客观,善于自我反省,乃成功之秘诀。]

明知已经搞砸了
却不愿意面对现实
只好眼睁睁地看着金钱跑掉

有一种很普遍的说法——90%的个人投资者，都无法在证券投资中获得预期的收益。

那么，到底为什么会有如此多的人遭受失败呢？

这是因为，很多人都不愿去追究自己失败的真正原因，从而导致不断地重蹈覆辙。

例如，自己在股票下跌时错过了抛售止损的机会，此后账面损失越来越大，最终陷入了被牢牢"套死"的状态。

然而这时，你却开始用"将来肯定会涨回去的"，或者"从长线投资的角度讲，这可算不上是被套住了，只不过是一个中间过程罢了"之类的说法自我催眠，而不敢去正视自己的失败。

实际上，我们根本无法保证将来股价一定会反弹，所以你也清楚这些借口根本毫无意义，可就是无论如何都不想承认自己的失败，不肯去面对。

同样,对待已脱手的股票,我们也会表现出一种有趣的态度。

是什么样的态度呢? 让我们先思考一下下面这个例子。

今天早上你将某只股票卖掉了。

可就在你脱手之后,这只股票却开始快速上涨。

那么,你会将这只股票再买回来吗?

虽然已经将该股票脱手,但如果其上涨势头强劲的话,理性的做法自然是着手回购,以获取更多的利润。

然而我们却很难做到这一点。

据美国旧金山金门大学市场营销学部副教授米凯尔·斯特拉海列维兹(Michal Strahilevitz)的调查显示,对于自己曾经卖掉的股票,即使过后其股价再次上涨,大多数投资者们也不会选择回购。

这又是为什么呢?

现在请你想象一下,你发现该股的股价回升了,于是心道"不好",急急忙忙地准备着手回购,在这种情况下,你的心里又会是什么滋味呢?

想必你肯定会在心中暗骂:"该死! 之前怎么就犯蠢卖掉了呢,搞砸了!"满心后悔和失望。也就是说,一旦承认了自己的失败，就会被负面情绪所控制，陷入强烈的自我谴责之中。

这种情绪可没人愿意感受吧。所以我们只会想尽一切办法，尽可能地逃离这种情绪。

于是在这种情况下，我们就会选择无视那只上涨的股票。

与其不断受到后悔之念的煎熬，倒不如将这件事彻底抛诸脑后。对不愿面对的事物视而不见，以免被后悔之情牵着鼻了走。

这种现象在心理学上被称为"选择性接触（selective exposure）"。也就是，人类会倾向于只面对自己想面对的事物，而无视自己不想面对的事物，做出无意识的选择行为。

用该理论解释投资者们的行为的话就是，因为眼中只看了自己想面对的东西，所以即使该股价持续上升，他们也会选择性地无视这个事实，而不会回购。

然而，这种行为只是在逃避承认自己的失败，而无法从失败中汲取任何的教训。

因此，就会导致一次又一次地重复同样的失败，无论多久都无法得到自己所期待的结果。

我们总是一厢情愿地认为自己的判断永远正确

对自己买下的个股总是抱有莫名其妙的自信，总是坚信它"肯定会涨起来"，投资者们普遍都具有这样的心理倾向。

明明根本没有确凿的根据，也无人能为自己提供任何保证，却仍一厢情愿地认为自己的行动是正确的。这在心理学上被称为"过度自信（over confidence）效应"。

美国内布拉斯加大学林肯分校的心理学家布莱恩·伯恩斯坦（Brian Bornstein），进行了下面这个关于过度自信效应的实验。

首先他们要求接受实验的大学生们，解答一些四选一的常识性问题。

随后询问他们"对自己的答案有多大的把握"，最终结果显示，学生们的自信指数达到了47%。

可实际上答案的正确率只有31%，这说明，学生们对自己的答案表现出了16%的"过度自信"。

假设，在你挑选股票的时候，向你提供了 A、B、C 三只备选股，虽然没有什么自信，但你还是下意识地觉得"A应该比较靠谱"，于是就选择了 A。

可是假如你始终对自己的决断持有怀疑的态度的话，就会愈发不安，甚至会长时间地被后悔的念头所煎熬。

也许你就会成天想着，会不会下跌啊，该什么时候卖掉啊，会不会赔啊，日日心惊胆战，不得安生。我想任谁也不愿意陷入这种糟糕精神状态之中吧。

于是，我们就会产生"选择 A 的决策，是没有错的"这种"愿望"。

慢慢地，我们就会觉得"貌似只有 A 才是正确的选择"，进而产生"B 和 C 都没什么前途，非 A 不可"的想法，不安渐渐转化为"自信"。

更进一步，我们就会开始为自己选择 A 的决定寻找正当的理由，尽可能地让自己对自己做出的判断抱有更加坚定的自信。

也就是说，我们无视了否定 A 的材料，只着眼于支持自己判断的材料上。

只能看见自己想看（想了解）的东西，对不想看（不想了解）的东西视而不见，就会产生"过度自信"的行为。

[无法否定自己的判断，就无法避免再次失败。]

JINQIAN DE
YOUYUANREN HE
WUYUANREN
DE XINLI FAZE

第**3**章

自以为做出了选择
实际上却是被挑选的那个

寿司店出售的手握寿司什锦拼盘和散寿司,通常会根据其套餐所含内容的不同,分为"松"、"竹"、"梅"这三种等级。

其中,会选择正中间的"竹"的人,恐怕是最多的吧。

换个例子来说,当你第一次来到某家西餐厅用餐,面对菜单上提供的三套正餐时,大抵会不功不过地选择价格居中的那一套吧。

这正是强烈的"不愿冒风险"的心理所导致的结果。

选择价格最高的,很容易让我们产生"会不会买贵了"的不安心理,而选择最便宜的,又会担心"可能达不到自己的期待值,难以满意"。

于是,我们就会将处于两端的事物判定为"风险较高",并将其排除出可选范围,转而选择处于居中位置的那个。

面对三选一的抉择时,总是倾向

于选择中间的那个,这种心理叫做"金发女孩效应(goldilocks effect)"。

这一理论得名于一则英国童话,童话中的金发女孩不喜欢喝太热或者太冷的汤,而选择了一碗不冷不热温度适中的汤。

有一个实验恰好可以证明这种心理现象。

美国西北大学市场营销学部的亚历山大·切尔内夫(Alexander Chernev)副教授以 360 名大学生为对象,进行了下面这个实验。

研究人员向学生展示了无绳电话、红酒、防晒霜等多种商品(功能和价格都各有不同),让学生们选择出自己打算购买的商品。

结果,57.1%～60.1%的学生都选择了功能性或者价格居中的商品。

这一结果说明,**因为过于害怕风险,人类会选择回避极端的事物,尽量选择各方面表现较为平均的事物,希望能借此分散风险。**

普遍认为,这是人类作为生物的一种生存本能,正是这种本能在无意识间促使我们做出了选择。

不过,这种在本能的驱使之下采取的策略,到底是否具有合理性呢?

选项的局限性

接下来,让我们思考一下下述的案例。

在你的面前有三台空气净化器。只看宣传的话,三台净化器的功能似乎没有太大的区别,但售价却分别为 5 万、10 万和 15 万日元。

那么你会买哪台呢?

在这种情况下,如果想规避风险的话,肯定会排除"便宜没好货"的风险,以及"物非所值"的风险,并做出"选择价格居中的 10 万日元的净化器才是最安全的"的判断。

避开极端的选项,就能最大限度地控制风险,这就是我们的心理。

可是,如果将价格分别设置为 10 万日元、15 万日元和 20 万日元的话,我们的选择也就会随之变为处于中间价位的 15 万日元。

虽然你依然坚持着"选中间"的策略,但是一旦提供给你的选项内容发生了变化,你的选择就会由 10 万日元转眼就变为了 15 万日元,导致了截然不同的结果。

这说明,我们根本没有考虑事物的本质,只是出于规避风险的目的,而排除了极端的选项罢了。

然后,在这种毫无根据的安心感的驱使下,我们最终选择了最接近平均值的那一个。

通过回避风险来获取安全感,这并没有错,但这并不是我们在认清事物本质之后所做出的判断,而只是习惯性地选择了接近平均值的那个选项罢了。

因此,即使我们本想仔细谨慎地挑选空气净化器,但实际上当这些商品陈列在你面前的时候,商家就已经为它们做好了定位。

而寿司和西式正餐也一样,很可能商家只是故意想把最想出售的那款产品的价格设定在居中的位置罢了。

也许还是有一些读者不是很明白,那么就让我为你举一个更浅显的例子吧。

你受朋友之邀,一行三人去参加了一次联谊活动。联谊对象是三位异性。其中一位,长相非常帅气/漂亮,一看就是颇受异性青睐的类型。

另一位相貌平平,看起来不会很受欢迎,剩下的一位各方面都算中等。

正常情况下,你肯定会选择自己喜欢的类型。

可是,如果告诉你"这是最后一次和他/她们联谊的机会了,过了这村可就没这店了"的话,你又会以三人中的哪一个为目标呢?

原本是想好好看看,到底哪个才是自己喜欢的类型,再决定目标,但如果机会只有这最后一次的话,就要另当别论了。

首先,你会无意识地,在心中由高至低地排列出追求这几位异性的风险度。也就是说,追求那位帅气/漂亮的貌似有点高攀,成功可能性太低了,只能从候选对象里排除出去。可是又不想就此妥协,勉强自己选择那位看起来就没什么人气的。再说,自己也没到那种"就算不喜欢也非得找个人恋爱"的份儿上。

于是,你就排除了两个极端选项,选择了中等的那位。

不管是家电还是恋人,对比过众多候选对象之后,你最终选择的往往不是最具魅力的那个,而是风险最小的那个。

[为了规避风险,我们往往会忽视事物的本质,做出最为中庸的选择。]

以为买或不买

都是自己做出的判断

实际上也有可能是别人帮你做的

首先让我们先从一组实验数据入手。

德国维尔茨堡大学的碧蒂·英格列（Birte Englich）教授，邀请了 19 位平均年龄为 29.37 岁的年轻法官，以某个虚拟的强奸案为背景，进行了一次模拟审判。

实验设置了两种不同的情况：第一种情况里，检方请求判处被告 2 个月监禁；另一种情况里，检方则请求判处被告 34 个月监禁。

最终，法官们做出了如下的判决：

请求判处 2 个月监禁→实际判处 18.78 个月监禁

请求判处 34 个月监禁→实际判处 28.70 个月监禁

对于同一起刑事案件，实际判决的结果居然产生了将近 1.5 倍的差距。

为什么会产生这种结果呢？这是因为事先给出的检方的请求判决时间，影响了法官们的判断。

也就是说，请求判处2个月的短期监禁的情况下，实际判决也会相对较短；请求判处34个月长期监禁的情况下，实际判决则相对较长。

这在心理学上叫做"锚定效应(anchoring effect)"。

法官们被检方给出的请求判决结果（锚）所困，也就无法做出偏离请求结果（锚）过多的判断（船）了。

由此可见，就连必须秉承公正无私的法官们的判断，也会受到检方请求等外部因素的影响。

接下来，我还要为大家介绍另一个典型案例。

美国伊利诺伊大学的格雷琴·查普曼（Gretchen Chapman）教授，以一个向某企业提出诉讼的虚拟案例为背景，进行了这个心理实验。

案例的具体内容是，一位叫凯茜（Cassie）的女性因为服用某种处方口服避孕药而导致罹患卵巢癌，于是她向生产该避孕药的制药公司提起了诉讼。研究人员请80名大学生阅读了介绍该案的文章，然后让学生们判断该制药企业应支付多少赔偿金。

实验中，她将学生们分为四组，每组学生被告知的凯茜提出的索赔金额各不相同，分别为100美元、2万美元、

500 万美元和 10 亿美元。

结果，索赔金额越高，学生们判断的赔偿金额也水涨船高。

这个案例也证明了，当我们必须对不确切的事态做出判断时，最开始提供给我们的判断结果会对我们随后的判断产生巨大的影响，就如同沉锚一般将我们的判断"拴"在原地，动弹不得。

在凯茜的诉讼案中，文章里提及的索赔金额就成为学生们的判断基准，让他们无法做出与其相差太远的判断。

改变我们判断的情报

假设你正在海外旅行，导游告知你，接下来你们将要前往某家知名珠宝店。

而你正好想买个戒指，于是就向导游问道："最近市价大概是多少啊？"

导游则给出了以下不同的答案。

A. 大概 5 万日元就能买个便宜的了。

B. 要想买个品质好点的，至少得 20 万日元以上吧。

对此,你会产生怎样的印象呢?

如果得到了 A 情报,你一定会感到"没想到还挺便宜的,可以考虑买一个",购物的心态也会变得积极起来了吧。

然而听了 B 的说法,你就会觉得"贵就贵点吧,能选到个品质好的也可以考虑",从而表现出较为慎重的购物心态。

然后,你就会在头脑中分别设定出自己的预算金额。当然,A 和 B 的情况下,预算金额肯定也各不相同。

其实,因为商品还没有摆在自己眼前,所以我们对本质上的东西也没有任何概念。然而,仅仅是导游提供的些许情报,就足以极大限度地支配我们的行为。

因为在某些情报的影响下,我们先入为主地产生了某些偏见,从而导致我们无法看清事物的本质,进而极大地影响到我们的实际行动,这在心理学上叫做"认知偏见(cognitive bias)"。

人际关系中的"认知偏见"

将认知偏见理论放在人际关系里解释的话,似乎更容易理解一些。

这指的是,从他人口中听来的传言和评论对一个人的评价产生的影响。

比如对某个刚调到你们公司的新人的评价。就在你还没机会跟他说上话,还完全不了解这个人的时候,就从别人口中听说了关于他的风言风语,于是你就不由自主地开始对这个人怀有戒备之心。

相反,如果你听到的是较为正面的评价的话,就会对这个人产生兴趣,不由自主地想要接近他了。

从外人口中听来的传言和评论对我们造成的影响,比我们自己想象的还要大得多,它令我们在看待他人时,不由自主地戴上了有色眼镜。

接下来,我想为大家介绍一下,由美国爱达荷大学心理学家托德·索尔斯坦森(Todd Thorsteinson)主持的一项实验。

研究人员要求 112 名实验参与者,以销售经理的身份,给某位售货员的待客态度以及对商品知识的掌握情况打分。

不过,这位售货员的个人档案里,已经写上了由其他经理打出的分数,用以参考。结果显示,当实验参与者们看到的档案里,已经由其他经理给出了较高的分数的话,参与者们也随之给出了 6.60 分的高分(满分 9 分)。

反之,如果实验参与者们看到的档案里,已经由其他经理给出了低分的话,参与者们也受其影响,打出了 4.68 分的低分。

很显然,其他经理的打分极大地影响了实验参与者们的判断。

本想靠自己的双眼做出评价,可实际上却总是被别人的评价牵着鼻子走,这就是我们的心理。

[很多时候,你满怀自信提出的意见,其实只不过是拾人牙慧罢了。]

情急之下做出的决定往往是勇气十足的博弈

而花时间深思熟虑地做判断

反而更容易"瞻前顾后"

当我们必须做选择，或者决定自己的某个行动时，往往不得不面对的，就是时间的限制。

无论什么抉择，都逃不过时间的束缚。

无论是在家庭餐馆点餐，还是在超市购物，不管是决定看哪个电视节目，还是选择约会时要穿的衣服，抑或是决定与相恋多年的恋人结婚……

有些事可以瞬间就做出选择，也有些事需要时间深思熟虑，但无论哪个抉择，都不可能允许我们无期限地拖延下去。

但是，有一个事实我们必须要了解。

那就是下面这条心理法则——我们情急之下所做出的决定可能是勇气十足的博弈，而花时间深思熟虑之后做出的判断，却往往是瞻前顾后畏首畏尾的结果。

接下来，请你阅读以下文字，并在

三秒之内做出回答。

　　为挽救某种濒临灭绝的海龟,请选择出你觉得更好的一个方案。

　　①帮助海龟在湖滨产卵(安全性较高,但产卵数量较少)

　　②帮助海龟在小岛上产卵(危险性较高,但产卵数量较多)

　　那么,你会选择①和②中的哪个方案呢?

　　接下来,请你再次仔细思考一下你的答案。这次你可以花些时间认真思考,然后再次选出你觉得更满意的答案。

　　如何,你是否转变了想法,得出了不同的答案呢?

　　其实,这个问题是瑞士弗莱堡大学的奥斯瓦德·休伯(Oswald Huber)教授在其主持的一个心理实验中实际使用过的。

　　实验结果显示,当做判断的时间较短时,40 名参与实验的学生中,有 75％选择了②作为自己的答案;而当无须考虑时间限制可以仔细思考时,则有 45％ 的学生选择了①。

这说明,当我们在时间紧迫的状态下做抉择时,会倾向于做出高风险性的选择;而当我们有时间慢慢决定时,就会更多地做出安全性较高的选择。

当人类必须在瞬间采取行动时,就会将注意力集中在"能得到什么"、"能获取哪些利益"上。因此时间有限的情况下,我们就无暇顾及风险问题了。

超市的限时促销也是一个不错的例子。速冻食品正在搞限时五分钟的半价促销活动,得知了这个消息,你肯定会尽可能地多买一些对吧。速冻食品的话也不用担心买太多放坏了,所以自然是能囤多少是多少了。

然而,如果有时间好好考虑的话,你就能够更多地考虑风险层面的问题。如此一来,你就会优先回避风险,而做出更为安全的选择。

这回,速冻食品的半价促销活动延长到了一个小时。于是你就开始逐个地确认,到底买得值不值呢,促销的都有哪些商品呢,就算是速冻食品,万一里面混了些快到保质期的也不行啊等等问题,直到自己对这次购物感到满意为止。

在时间紧迫的状态下情急做出的选择,往往是"高风险、高回报"的,而在时间充裕的状态下深思熟虑做出的选择,则往往是"低风险、低回报"的。

也就是说,当你希望对方做出高风险的决定时,最好的办法就是用"没时间了"为托词,煽动起对方的焦虑情绪。

再举例来说,自己已经很想结婚了,可男友却始终对婚姻态度消极,迟迟没有什么表示,为这事犯愁的女性肯定不是一个两个吧。

这大概是因为男方总是太过天真乐观,总觉得时间有的是,一直拖着不愿做出决定吧。那么这时,你就可以试着营造出时间已经没有多少了的氛围,故意让男方焦虑起来,逼迫他做出决定。

"年纪也越来越大了,我不可能一直不结婚,就这么傻等下去啊。"

听到这种话,想必男方就会感受到压力,进而鼓起勇气,做出决定了吧。

有没有时间思考,思考时间是长还是短,有时甚至会影响我们做出完全相反的决定。

花费时间做判断反而更容易走极端

前文我们说到,当人们有时间做判断的时候,就会更着眼于安全性,会表现出回避风险的倾向。

但有时，反而会因为"回避风险"的念头过于强烈，从而陷入瞻前顾后、想太多的境地。

例如，你因为头脑一热觉得"我想和这个人结婚"，就跟对方订婚了，可订婚之后，你却开始为你们的未来担忧了起来，越想越多，甚至还产生了一些负面的预想，渐渐地，你不由得对婚姻感到愈发不安了。

就是这样，想得越多，就越容易产生负面的预想。

又比如说，你始终对因为超预算而不得不放弃的某款新车念念不忘，过了很长时间，依然心心念念难以割舍，这种事应该很常见吧。

于是，惦记得愈久，梦想就愈发膨胀，最终你甚至会产生"无论如何也要把它买到手"的强烈欲望。

想得越多，人的判断就越容易走极端。

下面这组实验数据恰好可以证明这一点。

美国佐治亚大学的心理学家亚布拉罕·泰瑟（Abraham Tesser）以多名男女大学生为实验对象，向他们展示了 20 张不同的照片，然后要求他们对照片做出评价。但允许他们思考的时间分别是 28 秒和 90 秒。

将两组的结果进行对比之后，研究人员发现，思考时间为 90 秒的一组中对照片怀有"极端印象"的人所占比例，要比另一组高出两倍以上。

只是瞄上一眼的话，那么大部分人对照片产生的印象应该是基本相同的，因此也就不会产生极端的印象。

然而，一旦盯着照片的时间达到了 90 秒，这种超出必要的长时间观察，就会让我们从照片中解读出一些原本发现不了的情报。

比如说，照片想表达的信息，或者隐藏于照片中的某些意图等。

一旦解读出了这些多余的情报，那么我们对照片的印象就可能会与仅仅随意一瞥时的印象相差甚远。

也就是说，做判断时花费的时间越长，越是"深思熟虑"，就越容易"想得过多"，导致做出极端的判断。

[花时间做出的判断未必一定是正确的，因为有时你会过多地将一些无关紧要的情报纳入考量范围。]

可挑选对象的多寡

甚至可以改变

你想购买的物品种类

A. 你打算和关系非常亲密的女性好友们一起聚会。当好友和你商量吃什么的时候，你回答道："我个人觉得大家应该都喜欢健康的日本料理吧。总之听大家的就好。"

聚会当天，大家最终一致决定去吃日本料理，然后有两种套餐可供选择，分别是"药膳·精进料理（即素斋）套餐"和"日式牛肉单人火锅套餐"。

那么，你会选哪个套餐呢？

B. 今年暑假，你打算和全家人一起去日本的某个世界遗产景区观光旅行。于是你对孩子们说："选个你们想去的地方吧。不管是文化遗产，还是自然遗产，咱们这次就去你们喜欢的地方。"

于是孩子们立刻回答道："我们想去富士山或者屋久岛！"

那么如果你是家长的话，又会做何回答呢？

为什么上来就给你出了个心理测试呢？这是有理由的。

因为，我可以断言，在上文的情况中，绝大多数人都会做出同样的选择。

"开什么玩笑？我的回答肯定不一样!"估计肯定有人要怒而反驳了。

别急，接下来让我们逐条分析一下，看看你的判断到底和其他人有没有不同。

首先，在 A 事例中，大家全员通过，一致选择了"健康的日本料理"。

从中可以看出，能做出这个选择的前提是，这次聚会的成员都是比较注重健康饮食的人。

然而，在"药膳·精进料理套餐"和"日式牛肉单人火锅套餐"这唯二的选项面前，大部分人却都会选择"日式牛肉单人火锅套餐"。

在唯二的选项面前，我们就会不知不觉地忘记了自己决定吃"健康的日本料理"的目的，转而选择了能够满足自己欲望的，也就是"快乐"却"背德"的选项。

想吃"健康的日本料理"这句话并不是说着玩儿的，如果菜单上有更多的选择的话，自己也肯定会选择更为健康保健的套餐。

然而一旦备选套餐只有两种的话，就另当别论了。

我们就会再也不受自制力的控制，放任自己享受快乐了。

而接下来的 B 事例中，正是因为你给出了"带你们去你们想去的地方"这个前提，孩子们最终也给出了两个候选地点。

但如果真的彻底遵从这个前提条件的话，此时你的回答应该是"那就好好考虑一下，决定到底要去哪里吧"。

但是，又有几个人能做到这么体贴呢。

大部分人肯定就会跟着孩子们给出的选项，考虑起"去富士山吧，毕竟便宜"，或者是"去屋久岛吧，毕竟机会难得"之类的问题，并开始自作主张了。

在没有明确的目的地，似乎有无数个选项可供自己选择的情况下，我们往往能做到听从对方的选择，跟随对方的步调，可一旦候补选项仅剩两个的时候，我们反倒会对自己的意见执着起来。

为什么我们的心会如此善变呢？

这是因为，**选项个数的多少，会让我们表现出两种完全相反的心理活动。**

选项多促使人向善

接下来由我再向大家介绍一个实验，这个实验就可以证明上述这一点。

美国斯坦福大学的艾纳·塞勒（Aner Sela）教授，向实验参与者们提供了 6 种健康水果、6 种糖分较高的饼干和蛋糕，共计 12 种食品，让参与者们挑选。

结果，75 名参与者中有 76％选择了健康的水果。可以看出，人们都很关注卡路里问题。

然而，如果将水果和饼干、蛋糕的种类各缩减为两种，只给参与者们提供 4 种选择的话，结果就产生了非常有趣的变化，最终选择水果的人的比例竟然下降到了 55％。

也就是说，在选项多的情况下，我们倾向于选择健康有益的东西，而随着选项的减少，这种倾向也随之减弱，从而导致我们口味也发生了变化。

为了增加可信性，塞勒又进行了另一个实验，在这个实验中，他准备了 10 种不同的冰淇淋，让参与者们选择自己想吃的冰淇淋。

其中 5 种是普通的香草冰淇淋，而剩下的 5 种则是低脂健康类的香草冰淇淋。

结果 121 名实验参与者中，有 37％选择了低脂冰淇淋。也就是说，有近四成的人是非常注重健康问题的。

然而，如果将可选种类各减少至 2 种，一共只提供 4

种选择的话,选择低脂冰淇淋的人就骤然减半,减少到了 20%。

这两个实验证明了,当选项较少时,我们更倾向于愿意选择"不健康"的食品,也就是"糖分高但是好吃"的食品。

从上述实验中,我们可以得出以下结论。

当我们面对诸多选项时,为了使自己的选择更具正当性,内心便会自觉"向善",选择更能体现"美德",或更具备实用价值的东西。

反之,当选项减少时,我们就会老实遵从自己的欲望,开始追求"快乐",哪怕这快乐是"背德"的。

再举例来说,当你打算买咖啡时,如果面前有很多种咖啡豆可供选择,你在再三考量之后,可能会选择购买虽然价格稍高,却对发展中国家生产者们生存有利的"公平贸易认证咖啡(fairtrade coffee)"(注:是指经过公平贸易认证组织所认证与督察所生产出来的咖啡,证明该咖啡豆是以公正价格直接和咖啡农进行交易,其目的是支持发展中国家的可持续性发展和减缓贫穷)。这种颇具"美德"的消费行为自然是无可挑剔的。

然而,如果选项缩减至两个,一个是你经常购买的"公平贸易认证咖啡",而另一个则是珍贵稀有的"猫屎咖啡"的话,恐怕你就会遵从自身的欲望,为了增加自身的满足感而选择"猫屎咖啡"了吧。

事实就是如此,根据选项个数的不同,我们既有可能做出"从善"的选择,也有可能自私自利一味追求自身快乐,从而做出完全相反的选择。

[选项较多时,我们往往会参考此事的社会价值而做出选择;而选项有限时,我们就会全凭一己之愿行事了。]

奖品数越多中奖率越高

价钱越贵质量越好

这毫无道理的结论只不过是你的一厢情愿

谁都或多或少买过几次彩票吧？

"今年有机会赢取巨额奖金的人数增加啦！""一等奖奖金总额增至三亿日元！"

每年，在这些貌似颇具吸引力，且足以煽动人们侥幸心理的宣传语的诱惑之下，无数人争先恐后地奔向了彩票站。

然后，在新闻里看到万人抢购彩票之盛况的人们，也急忙赶到彩票站跟着排起了长龙，生怕买晚了吃了大亏。

这等光景，早已像传统节日一般，成为每年的固定活动了。但仔细想想，不管获奖人数和奖金增加多少，卖出去的彩票数也是年年水涨船高，实际的中奖率根本没有上升。

活动的吸引力变强了，这可不等同于中奖也变得更加容易了。

实际上，彩票的中奖率（回报率）是由立法规定的，是固定不变的。

然而，我们还是会产生"即使中奖率不变，只要设置的获奖人数变多了就更容易中奖"的错觉。

    A. 每买二十盒，就有机会中一盒免费糕点。

    B. 每买两百盒，就有机会中十盒免费糕点。

在上述情况中，中得免费糕点的概率都是5％。

然而，因为A只有机会中一盒，所以就显得没那么有魅力。而B有机会中十盒，我们就会产生B更容易中奖的错觉。

美国马萨诸塞大学心理学家维罗妮卡·迪恩斯-拉吉（Veronika Denes-Raj）在其报告中得出了这个结论。

比起概率，我们更容易被数量的多少所迷惑。

无论是彩票还是免费糕点，我们总是期待着得到些什么，总是想选择"能获取更多利益"的东西，但实际上就在我们做出选择的那一刻起，我们的双眼就已经不再明晰了。

价钱便宜了效果也跟着打了折扣

不仅数量的多寡会导致我们产生错误的判断，价格

上的差异也会极大地误导我们。

美国斯坦福大学的心理学家巴伯·西弗（Baba Shiv）以 125 名学生为对象，进行了如下的心理实验。

首先，他让部分学生每人喝下一瓶名为"索尔贝"的保健饮品。这款饮品的外观上贴着 1.89 美元的价签，但实际上根本没有这款健康饮品，它只是为了这次实验"伪造"出来的。

而其中有一半学生拿到的饮品，外观则通过价签表明，该饮品的售价已经由 1.89 美元下调至 0.89 美元。

随后，他请学生们解答了 15 道具有一定难度的解密（字谜）游戏，最终喝下未调价的正价饮品的学生们平均每人解出了 9.7 道题，而喝下调价饮品的学生们平均每人只解答出了 6.8 道题。

此外，没有喝过该款饮品的学生们则平均每人解出了 9.1 道题。

从这个实验中我们可以得出两个结论。

其一，认为喝下了保健饮品就肯定会有功效的心理错觉，造成了"安慰剂效应"，从而对学生们解答问题产生了积极的效果。

第二个结论则是，因为饮品打折了，安慰剂效应的效果也就跟着减了。

其实售价便宜一半以上，并不代表着饮品的品质也跟着减半了。因此，即使饮料打了折，也不应该对学生们的解题能力造成任何影响。

可更奇怪的是，这些学生最终的成绩竟然比没喝保健饮品的学生还要差。这只能用"调价导致的期待值的下降，竟然令安慰剂效应产生了反作用"来解释了。

价格居然能便宜这么多，肯定实际质量也不怎么样，根本不能期待这玩意儿能有什么好效果。恰恰是这种失望的情绪，影响了学生们的解题能力。

打折本来是件让人高兴的事儿，然而，因为人们的期待不同，打折却也有可能带来完全相反的效果。

就像这款保健饮品"索尔贝"一样，打折竟然让人们对其功效和品质产生了质疑。

正因为人类存在这样的心理，因此，有的商家就会采取不降低商品价格，维持品牌形象的战略。

国外高端奢侈品的定价就是最好的例子。

因为国外高端品牌均为进口商品，因此从常识来看，一旦汇率发生变化，进口商品的定价也应该随之发生变动。然而在日本市场上，比起价格下调对销量的增长促进作用，商家更担心的是价格下调导致的品牌形象下滑。

因此，商家就会采取故意不下调价格，以维持"高不可攀"的品牌形象的策略。而且这种战略,也确实获得了成功。

因此,并不是人人都爱打折,也不是人人都会算打折的账。

刻意不打折,也是保证商品品质的一种手段。

[担心品牌形象下降的高端品牌所采取的成功战略即——永不打折。]

JINQIAN DE
YOUYUANREN HE
WUYUANREN
DE XINLI FAZE

第 **4** 章

丑八怪也会越看越顺眼

女性友人将一位其貌不扬的男性介绍给了你，这个人恰好是你最不喜欢的那种长相。

身为女性的你虽然几乎从没有和那位男性说过话，但见过几次之后，也就开始慢慢地觉得，他的长相似乎也没那么糟糕，没那么让你难以接受了。

肯定有人有过这种经历吧？

又或者，你正在看的电视剧里出现了一位新人女演员。一开始你对她完全没什么兴趣，觉着"也不怎么可爱嘛，我可不喜欢她这个类型"。

然而，电视剧一周一周地看下来，你开始慢慢觉得她很有魅力，不知不觉间更是成了她的头号粉丝。

下面这个例子应该会让你觉得更有真实感吧。

第一次见到某个艺人时，因为其长相太没特点，乍看之下也恰好是自己不喜欢的类型，你最开始的感觉就是"不喜欢这个艺人"。

然而,因为总在电视上的综艺节目里见到他,慢慢地,你的想法开始改变了,甚至产生了"我好喜欢他啊"、"他好帅啊"的想法,这种情况应该也不算少见吧。

事实就是如此。

当某个事物反复在你眼前出现时,我们就会慢慢对其产生好感。

这在心理学上叫做"多看效应/重复曝光效应(mere exposure effect)"。

比利时天主教鲁汶大学的心理学家奥利维尔·科尼尔(Olivier Corneille)主持了一项相关的实验,在实验中,他向 63 名实验参与者展示了 40 张不同人物的面部照片。

随后,研究人员又以另一项实验的名义,向参与者们展示了 80 张不同人物的面部照片,并要求参与者们判断"哪个人更有亲切感"、"哪个人更具魅力"。

最终,参与者们普遍得出的结果是,在第一次实验中已经见过一次、有些眼熟的 40 张照片里的人,更容易让他们产生亲切感,也更具魅力。

这一结果证明,比起只见过一次的人,我们更容易对接触次数较多的人的样貌产生好感。

即使第一次见面时觉得对方是"丑八怪"、"不好看"、

"不是自己喜欢的类型",多接触几次习惯了之后,也就慢慢觉得越看越顺眼了。

然后,这个人也许就这样成了你毕生的伴侣。

习惯即意味着喜欢

如果你对某个人怀有好感,那肯定是有相应的理由的。

喜欢 ta 的长相,喜欢 ta 的为人,喜欢 ta 看待问题的方式,肯定是这个人本质(personality)上的东西吸引了你。

然而科尼尔的研究却证明了,**仅仅是曾经照过面,仅仅是因为眼熟,这种单纯的理由就足以让我们对一个人产生良好的印象。**

当然,我们之所以会做出如此不合理的判断,也与实验中让人们观看的只是没有实体的照片不无关系。

接下来,我想继续为你介绍一个,同样也是使用照片进行的实验。

美国马里兰大学市场营销学部的卢塞丽娜·费拉罗(Rosellina Ferraro)副教授,以进行表情分析为由,邀请了 126 名大学生参与了实验,实验中,她向学生们出示了

20 张照片,并要求学生们"注意照片中人物的表情"。

其实,每次向学生展示时,20 张照片中都会随机混入 0～12张特别的照片,这些照片的画面里均十分隐蔽地拍到了一款名为"DASANI"的虚构矿泉水品牌。

实验结束后,研究人员向学生们提供了四个品牌的矿泉水,并告知他们可以选择任意的一瓶饮用,DASANI 自然也在其中。

当然,研究人员没有为这些矿泉水做出任何宣传和推荐。然而,还是有较多的人选择了偷偷拍入画面中的那款矿泉水。其具体结果如下。

拍摄到 DASANI 的照片张数	选择 DASANI 的人数比
• 0 张	• 17.1％
• 4 张	• 21.6％
• 12 张	• 40.0％

这说明,即使在无意识的状态下看到了某样事物,该事物也会在不知不觉间在你的脑海中残留下深刻的视觉印象。

因此,我们往往很容易对眼熟的东西产生好感。

习惯产生信任

在广告的世界里,多看效应得到了最大限度的有效利用。

为使产品尽可能频繁地出现在消费者的视野里,通过多种传媒渠道展开宣传,营造亲民性和品牌魅力,以求对消费者的购买欲造成积极的影响,这就是商家的营销手段。

事实上,我们在超市挑选洗衣粉的时候,优先选择的大抵都是看过广告宣传的品牌,而对于从来没听说的牌子,我们应该是碰都不会碰的吧。

为了避免在遗产继承问题上出现纠纷,你决定去律师事务所咨询一下。这时你选择的,应该是早晚上下班坐电车时,经常看的广告里频频出现的那家律师事务所,而绝不会在大街上随便找一家就进去咨询了吧。

我们很容易对反复过目的对象产生好感,甚至这种好感还会升级为信赖感。

但是,这种信赖感的来源是广告,它会随着广告出现的频度而改变,是极为不稳定的。

下面这个心理实验可以证明广告宣传的有效性。

美国得克萨斯大学市场营销学部的韦恩·霍耶（Wayne Hoyer）副教授,邀请173名大学一年级学生参与了一项实验。实验内容是,请学生们从三种不同品牌的花生酱中挑选出一款自己想要的。

其中,三种品牌的花生酱中,有一款是经常打广告的知名品牌,而另外两款则是名不见经传的小品牌。

结果正如你想象的一样,有93.5％的人选择了名牌产品。

此外,当参与者被问到"选择这个牌子的理由"时,有45.2％的人给出了"包装较好"的答案。

包装和内容自然是毫无关系的。然而我们却还是因为这种与商品的品质和成分毫无关系的理由,而做出了自己的选择。

"这款产品的包装我在广告里见过",仅仅基于这种理由,就促使我们将其放入了购物篮。

[喜不喜欢,值不值得信赖,想不想买?

这一切其实都是由 ta 出现在你眼前的次数所决定的。]

现在通过电视购物节目，或者网上商城等渠道购物的人越来越多了。

可是，即使有想买的东西，还是有很多人会对电视、网络购物有所迟疑，这是因为，在眼前没有实物的情况下做判断，实在是很让人不安。

不确认实物就买，不是很容易买失败吗？尺码不合身的可能性很大吧？实际性能要是比想象的差可怎么啊？等等等等，不安感始终难以平复。

不管购买的欲望有多强烈，如果不允许退货的话，还是难以决定下手——为了消除消费者这种不安感，鼓励消费者的购物积极性，并提高销量，宣称可以提供免费退货服务的邮购、网购商家正越来越多。

正因为有了此类服务，尺码不合身，或者产品跟想象的有出入时就可以随时免费退货了，消费者的购物积极性也就变得更强了。

并且，商家不仅提升了出货量，更

原本很讨厌的东西

一旦实际拥有了，体验过了

很可能也就喜欢上了

可以通过对买方退货倾向的分析,对今后产品开发产生积极的推动作用。

免费退货制度无论给卖方还是买方都带来了实惠。

但是,这种制度也很容易导致消费者做出过度购买的行为。

为何想得到手,只因曾经拥有

美国肯塔基州路易斯维尔大学的詹姆斯·贝根(James Beggan)博士,邀请 43 名女大学生参加了一个实验。然后,将某个品牌的饮料冰镇器作为协助实验的回礼,送给了其中一半的学生。

过后,他要求参与实验的全体学生对该冰镇器做出评价。

结果,没有得到冰镇器,只是单纯对冰镇器做出评价的学生们,给出的分数为 4.50 分(满分 7 分)。而此前已经实际获得了冰镇器的学生们,则给出了 5.55 分的高分。为什么会产生这样的差异呢?

当我们对某物品做出评价时,只要这件物品不是我们自己的所有物,我们就能够对其做出客观的判断。

然而,一旦此物成为我们的所有物,我们就再也无法做出客观的判断了。因为要评价的对象，是属于我们自己的东西。

不仅如此，我们还会因为某些缘由将其视做"更好的东西"、"更令人满意的东西"，并倾向于为之做出更高的评价。

举个例子来说，与男友约会时，你们偶然进入了一家宠物店。原本你只是想去看看小狗，但并没有养一只的打算。

可是，你觉得小狗实在是太可爱了，就将它抱在怀里，同它玩了一会儿，那么可以想象，抱了一会儿之后，你就再也放不下它了。于是，原本并不想养小狗的你却改变了念头，最终还是把它买回了家。

这种心理现象，在心理学上叫做"禀赋效应（endowment effect）"。也就是，**认定自己拥有的物品具有较高价值，因而难以割舍的心理现象。**

因此，即便是可以免费退货的商品，在身上试穿过一次，或者使用过一次之后，你就会对其恋恋不舍、爱不释手了。

结果，这就导致我们增加了许多不必要的开销。

在我们身边，有很多利用了禀赋效应的营销方式。

例如，你听说附近的餐厅正在通过 SNS 发放限定打折券。这里的 SNS 指的是某种类似推特或者 LINE 的社交网络服务（Social Networking Services），只要注册账号，就能得到特殊的打折券。

对此颇感兴趣的你赶忙注册完账号，领到了打折券。那么，为了享受到打折券上的优惠，你自是想尽快把它用掉。

因为如果不用的话，它就只是一张毫无价值的"打折券"罢了。也就是说，只有当你使用它的时候，它才会产生价值，但是不用的话，也不会造成什么损失。

然而，即便是本身不具备任何价值的东西，只要我们拥有了它，拥有了这项优惠，就无论如何也不想舍弃了，一旦舍弃，就会让我们产生"损失"的错觉，这就是人类的心理。

于是，我们就会以"难得拿到张打折券，就去吃一顿吧"为由前往餐厅用餐，因此也就产生了不必要的开销。

明明没尝过就觉得讨厌，这只是你内心设下的壁垒罢了

拥有过一次之后，便会恋恋不舍，体验过一次之后，就会爱不释手，这都是人类正常的心理现象。

那么，接下来我们可以再来看看"明明没尝过就觉得讨厌"这种心理。

这种心理指的是，没尝过的食物自然不知其味，可尽管如此，却还是先入为主地对这种食物产生了厌恶之情。

但实际上，也许你尝过一次之后，就会喜欢上这种食品了也说不定。

再比如说，你一直拒绝玩游乐场里那些比较刺激的游乐项目（如过山车、跳楼机之类），终于有一日你被人生拉硬拽地上去玩了一次，结果那种兴奋感让你欲罢不能，从此你就疯狂爱上了它。"明明没尝过就觉得讨厌"，这只是我们给自己的内心设下的壁垒罢了，这座壁垒其实是非常容易跨越的。

下面的实验就可以证明这一点。

美国密歇根大学的苏珊·赛格特（Susan Saegert）教授召集了121名女大学生，请她们分别喝下好喝的饮料以及难以入口的饮料，并对结果进行了对比。

其中那些难喝的饮料，其实就是醋或者奎宁水（一种可用做退烧药的苦涩液体）等。

喝过饮料之后，当研究人员询问学生们是否愿意再次参加实验时，喝下好喝的饮料的学生给出了 4.4 分，而喝下难喝饮料的学生则给出了 3.8 分（分数越高代表好感度越高），出现了意料之中的分差。估计谁都不愿意再主动跑来喝一次这么难喝的饮料吧。

然而，当学生们反复喝下这些饮料之后，情况就发生了变化。三次、五次，随着实验次数的增加，学生们越喝越愿意参加实验。

最终，当第十次实验结束后，喝下好喝饮料一方的分数达到了 5.1 分，而喝下难喝饮料一方的分数则达到了 5.2 分，两组的分数都上升了。

也就是说，多喝几次，我们就会适应，甚至会渐渐喜欢上它的味道，因此也就更愿意再次参加实验了。

经常发生的事即适应，适应即意味着日常，也就意味着安心。

出于生物的生存本能，人类总是会主动回避风险，并乐于令自己处于有安心感的状态，也就是亲切熟悉的状态下。

因此，对某件事物越习惯越适应，就会将其视做具有安心感的、令自己满意的状态，从而"喜欢"上该事物。

无论是你觉得永远难以逾越的厌恶的食物，还是你极度不喜欢的人，抑或是无比艰难的困境，只要适应了，也就能够轻易跨越曾经的心理障碍了。

如果真的无法跨越的话，那其实也只是因为你自己的内心不愿去跨越罢了。

然而，"适应"总有一天会转为"厌倦"。当我们厌倦的时候，当初的喜爱之情就会慢慢被忘却，我们的兴趣也就渐渐淡化了。

这就是另一种心理在作怪了，不过因为这个议题与本书的主题关系不大，此处暂且不做讨论。如果您有兴趣的话，那就不妨参阅一下鄙人的另一本关于恋爱关系的拙作吧。①

[一旦拥有了，适应了，我们的警戒心就会无条件地解除。]

第4章　丑八怪也会越看越顺眼

---

① 即《恋爱小心思，幸福一辈子》。——编者注

精挑细选

耐心比对之后买下的商品

实际上却未必更优质更良

120

到超市卖场买东西时，相信你一定也会仔细比较哪个包装分量更重，哪个里面装得比较多，然后再决定买哪个吧。

如果包装内商品的多少可以用确切的数值表现的话，倒是不会有什么顾虑，但如果不能用数值衡量的情况下，就只能靠我们自己的双眼来判断了。

然而众所周知的是，眼睛可是会骗人的。

接下来请你观察一下下一页的这些图案。看过这些图案，你应该就明白了，物体外观的不同可以轻易地让我们产生视觉上的错觉。

这些图案是有名的错视图形，它们证明了，我们的视觉能力是极容易产生误差的。

视觉上的错觉被称为"错视"。一般认为，生理原因，或几何学原因是造成错视的主要因素。

但是最近的研究显示，诸多心理

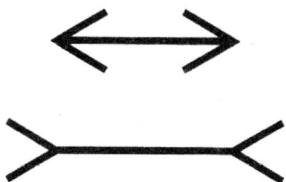

给等长的两条线的两端分别加上箭头，箭头朝外的线看起来比较短（上），箭头朝内的线看起来比较长（下）

上图两个四角形的大小是完全相同的，但是放置于内侧的看起来比较大（下）

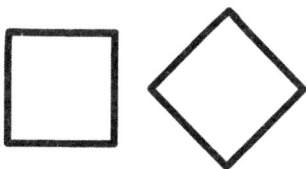

将正方形倾斜45度，看起来就变大了（右）

因素也有可能引起错视。

美国南加利福尼亚大学市场营销学部的瓦莱丽·福克斯(Valerie Folkes)教授认为,产生错视的主要原因很可能是"新奇性"。

不熟悉的但有趣的事物,往往很容易吸引我们的注意力,而正因如此,我们的判断就会随之产生误差。为了证明这一假说,她进行了如下实验。

实验中,研究人员准备了一些苹果汁和柠檬水。然后将它们分别注入形状特别的苹果形的容器和形状较为普通的容器中进行出售,并对购买者的反应进行了对比。

实验共调查了两家超市的 240 名顾客(其中男性 108 人,女性 132 人)。

实验结果显示,将苹果汁分别注入普通形状的以及苹果形的容器后,87.5％的顾客都选择了形状新奇的苹果形的容器,并认为苹果形的容量较大。但实际上,二者的容量是完全相同的。

而同样的,将柠檬水也分别注入普通形状的以及较为强调曲线设计的容器进行出售后,也有 95.0％的顾客认为,形状新奇(强调曲线设计)的容器的容量比较大。

也就是说,**不熟悉的、形状奇异的容器,在我们眼里看来容量较大。**目前这种心理现象已经得到了证实。

小包装看上去更健康

我们已经知道了，通过包装和外观推测包装内容的数量很容易看走眼。

可是，我们看错的可能不仅是数量，甚至很可能对其中商品的本质也产生错误的认识。

美国肯塔基大学市场营销学部的莫拉·斯科特（Maura Scott）副教授进行了这样一个实验，她先将M&M牌巧克力豆装入大小不同的包装袋内，然后让实验参与者们判断包装内巧克力豆的数量和卡路里含量。

实验共准备了以下两种包装。

A. 将大粒 M&M 豆放入一个大包装袋内。

B. 将小粒 M&M 豆分别放入四个小包装袋内。

那么，你觉得哪个包装的巧克力豆数量更多，哪个包装的卡路里总量更高呢？

实际上，二者的卡路里含量都是 200 大卡。但包装的较大差异，导致了令人诧异的结果。

那就是，**人们基本都得出了，小包装的卡路里含量较**

低的结论。

并且,节食减肥愿望越强烈的人,选择小包装食品的倾向也越强。

卡路里越低,吃得越多

根据外观的不同,我们的接受度也会随之产生极大的变化。但事实还不仅仅如此。

一旦我们通过外观判定食品的卡路里含量较低,那么我们后续的行为也会随之改变。

简单说来就是,我们会更多地吃下我们认为卡路里含量较低的食物。

加拿大阿尔伯塔大学的詹妮弗·阿尔戈(Jennifer Argo)在其报告中阐述了人类会表现出这种行为的事实。

她邀请了76名女大学生参加了实验,并请她们品尝以下两种糖果。

A. 每四颗糖果放入一个小包装袋中。

B. 糖果像小山似的堆在一个盘子里。

就像前文中斯科特的实验所证明的那样,因为 A 将糖果放入了小包装,人们就会觉得 A 的卡路里含量相对较小;而 B 这种堆小山似的放法,看起来就没那么健康了。

最终,在 A 案例中,学生们平均吃下了 38.78 克的糖果,而 B 案例中,学生们平均只吃下了 16.92 克,表现出来的行为差异巨大。

因为 B 看起来不健康,于是我们的自制力就会控制我们的食欲,让我们少吃点;而 A 看起来很健康,所以我们就会放下心来,毫无节制地大快朵颐了。

"看起来卡路里很低"的错视效应误导了我们,让我们反而摄入了更多的卡路里。

这种不合常理的悲剧,想必在你身边也很常见吧。

[外观常常会误导我们犯下过错,然而我们却对此束手无策。]

第 4 章

丑八怪也会越看越顺眼

你在圣诞节晚会上中奖了，奖品是巧克力。

那么接下来，你会选择仅剩的两块巧克力中的哪一块呢？

A. 可爱的心形巧克力（定价 50 美分，重 14.75 克）。

B. 逼真的蟑螂形的巧克力（定价 2 美元，重 56.7 克）。

126

从理性的角度而言，肯定应该选择 B。因为选择 B 的话能多得 1.5 美元的利益，巧克力的克数也更多一些。

然而，我们却往往做不出这种所谓的理性判断。

美国芝加哥大学的奚恺元（Christopher K. Hsee）教授以 114 人为对象，进行了上述实验。结果，只有 68% 的人选择了 B。

正是外观印象的不同，才导致了这种结果吧。

并且,当被研究人员问到"你觉得哪个更好吃?"时,更有 54％的参与者选择了 A。这说明,**外观上的差异,竟然可以改变人们对巧克力实际味道的评价。**

一见到红心形就迈不动腿

心形,是容易让人类产生好感的形状之一。

那么,同样也被用在扑克牌上的其他图形,又会让我们产生什么样的感觉呢?

黑桃给人以强硬感,梅花象征和平与自然,方块让人联想到财富或宝石,虽然这些图形给人的印象各不相同,但对我们而言,它们依然只是单纯的图形,谈不上喜欢,也说不上讨厌。

如果你觉得我是在胡扯的话,那不妨请你看看自己手机里的邮件或者短信。在这些信息里,你最常用到的不就是心形吗?

就算不是心形,在其他表达感情的表情文字中,也都大量地使用到了心形符号。

只有通过心形符号才能向对方表达善意和亲切。

发个心形过去,对方肯定不会从中感受到恶意,心形正是和平的信息。

于是,所有人都在使用心形符号传达同样的信息,心形也就成了一个万能的图形。

心形的有利性和万能性,是其他符号所不具备的。能包含如此特殊的意义的符号,唯有心形而已。

下面这个实验可以证明心形的魔力。

法国南布列塔尼大学的心理学家尼古拉斯·盖冈(Nicolas Guéguen)选定了三家餐厅,并以独自一人来这三家餐厅用餐的 365 名(其中男性 229 名,女性 136 名)顾客为对象,调查了他们在用餐结束后付小费的情况。

该结账了,服务生来到顾客的餐桌旁,将账单压在一个放了两颗糖的小碟子下面,就转身离去了。

因为法国的餐厅是将 12% 的服务费算入账单中的,所以通常客人不需另付小费。但也有一部分客人仍会在结账用的碟子里多放上一些小费。

于是,通过改变红色碟子的形状,实验得到以下的结果。

红色小碟子的形状	给小费的人数
·四角形	·26.2%(122 人中的 32 人)
·圆形	·31.2%(122 人中的 28 人)
·心形	·46.3%(121 人中的 56 人)

也就是说,当碟子是红心形时,有更多人愿意支付小费。不过差别竟然如此明显,也着实让人惊讶。

那么既然有这么好的事,又岂有不借鉴之理呢?

如果你正在为了志愿者活动募集捐款,那么就不妨给捐款箱上贴满红心吧,这么做的话,捐款额很可能会大大增加哦。

再比如说,你开了一家甜品店,正在为招揽顾客发愁,那就不妨在展品上多用些红心装饰吧,这样一来,搞不好你的店一下子就会火起来了。

因为我们命中注定要被事物的外在蒙得团团转,所以就更应该反过来利用这种心理,尽可能地从中获利,此方为上策。

[心形蕴含的信息,可是万国通用,万人皆知的。]

落入陷阱

听多了就会信以为真

无论怎样离谱的天方夜谭

人类是以视觉为优先的生物。

假如遮住眼睛只凭听觉行动的话，我们就会寸步难行，这是小孩子都懂的道理。

如果只依赖触觉的话，倒是可以通过触摸做出一定的判断，但触觉也不总是可靠的。

堵住鼻子吃自己喜欢的食物，就难以感受到其原有的美味。嗅觉一旦罢工，味觉也会跟着变得毫无滋味。

从视觉到一向被看做是人类五感中退化最严重的嗅觉，这五感的靠谱程度也越来越低了。

所以，我们才会将视觉捕捉到的东西视做最优先的判断材料。

想探究对方的本质，就不得不靠看在眼里的东西，这就是人类的行为方式。

正因为我们是如此重视视觉，所以只要事物的外表产生些微的变化，就足以导致错误的判断发生。

这种错误,可能是视觉上的、理解上的、推断上的,或感觉上的错误,也可能升级为想象、幻想、妄想,甚至梦想等非现实的东西。

这是什么意思呢?看了下面这个实验,你就能明白了。

美国芝加哥大学市场营销学部的阿帕娜·拉伯鲁(Aparna Labroo)副教授向 55 名学生展示了一种咖喱味的蚂蚱罐头。

这种调制成咖喱味的蚂蚱,在泰国东北部是一种非常常见的食品。其实包括日本在内的许多国家也都有食用昆虫的习惯。

然而在芝加哥大学的学生们眼里,这种食物还是太超乎他们的常识了。

于是学生们完全没有尝一口的意思,只是好奇地看了看。当被研究人员问到"想要这种罐头吗?这罐头卖多少钱你们会买?"的时候,结果正如你预想的一样,学生们给出了极低的评价。明明是一种完全未知的食品,也许尝过之后还会为其美味所感动呢,但学生们还是只凭外在就将它完全否定了。

然后,研究人员让学生们在脑海中,想象了一下自己被这种蚂蚱罐头的美味所吸引的景象,然后又问了同样的问题。

结果，不可思议的是，学生们对罐头的评价居然有所提升。

学生们给出的评价分数由 1.31 分上升到了 2.28 分，而对于"这种罐头卖多少钱你会买"这个问题，学生们的分数也由 0.19 分上升到了 1.49 分（满分 7 分）。

这证明了，正因视觉错误的判断材料只有眼见之物，所以也格外站不住脚，格外容易改变。正因如此，只要在大脑中稍做想象，我们也就立刻会对嫌恶的对象产生好感了。

将想象化为现实

我们的大脑有时会分不清现实和幻想。

例如，只要在脑海中想象出自己与某事物的接近的场景，心理上就会产生距离拉近的感觉；相反，如果做出了远离某事物的想象，你的心理也就会随之产生疏远感。

很难理解吗？那么，就让我们试着将这种说法放到人际关系里体会一下吧。

假设，你在公司碰到了一位以前没见过的同事。

于是，你主动上前与对方寒暄。可对方却没有给出你期待的反应，而是直入主题，直接谈起了工作问题，这让你颇为不快，这个人也给你留下了很糟糕的第一印象。

明明只是第一次见面，还完全不了解对方，你就已经对他产生了"这人刚见面就这么没礼貌啊"，"是不是看我不爽啊"等负面的想法。

然后，你就会越看这人越不顺眼，愈发觉得他难以相处，就主动对他敬而远之了。

你这种态度自然对方也能感觉得到，于是对方也会觉得你们合不来，慢慢地，你们的关系也就闹得越来越僵了。

最终，你单方面的妄想化做了现实。

这个道理反过来也成立。

即使曾经与对方闹僵过，只要在脑海中不断想象"我和那个人挺合得来的"，"一定能好好相处"，你心里原本抱有的别扭感也会慢慢消失。

于是，你就会以一种善意的态度面对对方，慢慢地，你们的关系也就越变越好了。

脑海中的形象，会影响我们对现实世界的判断——想不想要蚂蚱罐头，喜不喜欢某个人，我们的判断总是会随着想象的变化而变化。

这在心理学上叫做"虚幻真实效应（illusory truth effect）"。

无论是想象还是幻想，我们在脑海中塑造的形象总会在不知不觉间，被我们的大脑认知为现实的、真实的东西。

而下面这个实验则证明了，即使不是通过想象，而只是反复重复某句话，也能让非现实的东西化为真实。

加拿大麦克马斯特大学的伊安·贝格（Ian Begg），以64名大学生为对象进行了以下实验。

首先，他让学生们听了64篇文章，这些文章的主题都是些基本没有人会赞成的胡编乱造的内容，比如"男性的数学能力比女性强"一类的议题。

然后他将学生们分为了两组，一组反复听两次文章，另一组只听一次。

听完之后，要求学生们判断刚才听过的内容哪些是正确的。最终，只听过一次的学生们认为有44%的内容是正确的。

而反复听了两次的学生则认为，有60%的内容是正确的。

也就是说，当人们听到奇怪的事情时，基本都会对其持怀疑态度，然而听的次数多了，事情的真实性也就随之增加了。

妄想（胡编乱造的文章），经过不断重复、反复提起，也就会在不知不觉间化做现实（正确的文章）。

[我们每天都在将妄想和幻想变做现实。]

JINQIAN DE
YOUYUANREN HE
WUYUANREN
DE XINLI FAZE

第 **5** 章

罪恶感支配行动

你手头有 100 万日元。

A. 是你辛辛苦苦勤勤恳恳攒下的 100 万。

B. 是你买彩票碰巧中的 100 万。

虽然得来的途径不同,但 A 和 B 都是价值相同的 100 万。

如果是你的话,面对 A 和 B,花法会有所不同吗?

可以确定的一点就是,A 的钱是辛辛苦苦攒下的,所以我们肯定不会乱花。

可 B 的钱却是得来全不费工夫的意外收入,也就是所谓的"天降横财"。即使花得大手大脚也不疼不痒,所以就容易产生"一口气花完才痛快"的想法。

因此,A 和 B 这两份 100 万的花法就会产生很大的不同。

但是,不管这 100 万日元是怎么得来的,只要是通过正当合法的手段,就应该根据需要合理地使用才对。

不管是 A 还是 B，都是完全没必要觉得心虚的正当收入。

理儿倒是这个理儿，但赚钱的手段还是会令我们的内心产生动摇，这又是为什么呢？

感情用事地打起算盘来

带着这个疑问，让我们先看下下面这个由美国哥伦比亚大学经营学研究生院副教授乔纳森·勒瓦夫（Jonathan Levav）所主持的实验。

实验中，勒瓦夫要求 648 名实验参与者回答以下问题——当你幸运地得到了一笔意外收入之后，你会大吃冰淇淋、狂买名牌太阳镜、拿下心仪已久的立体音响，总之，为填欲壑花个痛快吗？

但他提前将这笔意外收入分为了以下两种情况。

积极的意外收入——从上衣的口袋里偶然翻出来的，叔叔给的……

消极的意外收入——捡来的，去探望生病的叔叔时得到的……

结果,得到积极收入的情况下,有 44% 的人回答会把钱花掉,平均消费金额为 69.26 美元。

而得到消极收入的情况下,只有 27% 的人决定把钱花掉,平均消费金额也明显减少为 47.92 美元。

也就是说,当我们是以积极的手段得到金钱的情况下,更容易不假思索、大手大脚地把钱花掉。

根据上述实验,勒瓦夫得出了以下结论,**我们会积极地消费掉积极的收入,却会避免积极地使用消极的收入,**从而在不知不觉间,"感情用事地打起了算盘"。

因此,消极的收入就不会很快被花掉。

事实好像也确实如此。

假设你在卖果汁的自动贩卖机的找零口里捡到了 100 日元硬币,捡起这 100 块直接扔进投币口里买果汁,肯定会让你心里觉得有点别扭吧。不过当你从钱包里拿出另外一枚 100 块硬币买了果汁之后,就可能会喜滋滋地把别人的 100 块据为己有了。

或者,让我们再举一个极端点的例子。

假设你偶然得到了一笔似乎来路不正的钱。于是你肯定会为到底花不花这笔钱而犯愁吧,毕竟一旦花了就有染指犯罪的可能性。

在这种情况下,即使你花了这笔钱,也不会产生挥霍天降横财一样的快感，甚至反而会产生罪恶感。

正如上文所分析的那样，对于任何收入，我们都会感情用事地打起算盘来。

俗话说，天降横财留不住，但事实上，也许只是你自己主观上不想将这笔横财留在手里，才会大手大脚，将它花个精光的。

[金钱本无色，只是我们一直戴着有色眼镜看它罢了。]

去乡下玩的时候，时常会在道边看到卖蔬菜的小窝棚。

菠菜、圆白菜、牛蒡，等等等等，附近农户自家种的各种新鲜蔬菜陈列其中，任来客随意选购。

然而，这其实是个不设售货员的无人蔬菜店。店主也正忙着在田里干农活，根本无暇顾及。

因此，店里只是放置着供顾客自己放钱的收款箱，整个过程全靠自觉。

只有在不存在不守规矩、不付钱就走的人的情况下，这套无人售货体系才能得以存续。

要是有人见店里无人就白拿不付钱，或者是拿了店里的货款逃之夭夭，那这套体系就会瞬间崩塌了。

始终给无人售货店留有一片生存空间的日本乡村，或许真的是一片民风淳朴的世外桃源吧。

眼睛使我们诚实

然而在城市里，事情可就没那么理想了。和乡下比起来，城市里的犯罪率要高得多，诚实守信的人也要少得多。

接下来就为大家介绍一个能反映出城市独有的社会状态的心理实验。

在某个办公室里，备有红茶和咖啡，人们可以在付款之后随意饮用，这里实行的也是自觉付款的制度。同时，该处也放置着"诚信箱"，要求员工们自觉将饮料钱投入箱内。

然而，基本所有的使用者都没有付款，很遗憾的，这个制度也就形同虚设了。

为了促使使用者们付款，来自英国纽卡斯尔大学的梅丽莎·贝特森（Melissa Bateson）为工作人员想出了个对策。

在她的提议下，工作人员弄了张画着"直视对方的眼睛"图案的海报贴到了诚信箱上。

为了与其他的条件进行比较，工作人员也会将海报替换成花卉或者其他的图案，每周进行一次，最后将每次收来的钱数进行了对比。

结果,贴着"眼睛"海报时,竟然要比贴着其他海报时多收了 2.76 倍的饮料钱。

仅仅是一张画着眼睛图案的海报,竟然就要比"做一个有诚信的人","请务必自觉付款"之类的说教有力得多。

仅仅是让人们感觉到"画上的眼睛在看着我",人们就自觉地成了诚实守信的人。**只要我们感觉到有人在注视着自己,哪怕那只眼睛只是画出来的,我们也会谨言慎行,再也不敢打什么坏主意了。**

在日本也曾经发生过类似的案例。

日本铁路三之宫车站附近的违法停车现象非常普遍,为此头痛不已的神户市政部门想了个对策,市政人员将人眼的特写照片制成警示牌,安放在了违法停车频发的地点。

该照片上的眼睛取自市政部门的一位男性职员,据说他之所以会被选中,是因为其眼神颇具魄力。

结果,设立警示牌之后,平均每天 50 台次的非法停车案,骤减至 5 台次左右,可谓效果惊人。

只要感到"正在被注视",人们就对违法行为退避三舍,市政部门也因此得到了期待的效果。

实际上可能并不存在什么"视线",然而我们却依然会产生"正在被注视"的错觉。

于是,在这种视线面前,我们也就不敢干出什么坏事了。因为,在众目睽睽之下干坏事,会让人产生罪恶感。

正因为不想背负罪恶感,我们才会成为诚实的人,做正确的事。

[仅仅是"感觉到"有人在注视自己,我们的行为就会发生改变。]

即使实际上根本没有人看着我们，只要我们"感受"到了视线，就会自觉做出正确的行为，成为品行端正的人。

那么，如果真的有人在注视着我们的话，我们又会表现出怎样的行为呢？

只是感觉到视线就能成为品行端正的"善人"了，要是真被人盯着岂不是要变成"圣人"？

从理论上讲似乎没错，可实际又如何呢？美国波士顿大学的凯·萨托（Kay Satow）通过实验对此进行了研究。

首先，萨托邀请了 95 名女大学生，以进行心理实验为由让学生们做了一些智力测验题。实验结束后，在支付感谢费时，她对学生们说道，"进行心理实验也需要不少经费，如果你愿意的话，就请将感谢费放入这个募捐箱里还给我们吧"，随后便离开了房间。

不管想在人前表现自己的欲望有多强烈

要是看起来不够出风头

也就不会做无用功了

145

第 5 章
罪恶感支配行动

但在此之前,她事先告知了部分学生"我们会通过单面镜观察房间内的情况",而另一部分学生则什么都不知道。

结果,不知道有人在观察自己的学生中只有 5.75% 的人捐出了感谢费,而事先知道有人在观察的学生中则有 40.38% 的人捐出了感谢费,是前者的 7 倍。

这说明,一旦被人注视着,我们就会做出"善举";若无人关注,我们则不会采取任何行动。

也就是说,无论什么人都有在他人面前表现自己,维持自身良好形象的冲动。

这种经历想必大家应该都有过,其中有些人甚至还会做出比"善举"更为激进的行为。

我们都有在人前表现自己的欲望

德国雷根斯堡大学的彼得·费希尔(Peter Fischer)博士对在某种特定场景下,地铁站内乘客们所表现出的行为进行了观察研究。

请诸位读者也想象一下这个场景,一起稍做思考。

下了地铁之后,你向自行车停车场走去,这时你看到一男子正在偷别人的山地车。

该男子着装如下：

A. 穿着破洞牛仔裤，一副街头混混的打扮（看上去绝非善类）。

B. 穿着西装打着领带（看上去很普通）。

碰到上述哪个人时，你会选择出声喝止他呢？

请你仔细思考一下，自己在碰到 A 或者 B 的情况下，分别会做出怎样的举动。

费希尔将这个特殊的场景反复重置了一遍又一遍，最终共得到了 2791 名乘客的测试结果。

不得不承认，这个实验做得实在是太出色了。

他还进一步将场景细分为有旁观者在场的情况和没有旁观者在场的情况，令实验更加严谨。

那么，你会出声制止吗？

实验最终得出的结果是，当没有旁观者在场，即无人注视时，面对 A 男子和 B 男子，均只有大约 25％的人选择了出声制止。

无论小偷是什么装扮，看起来可怕与否，大多数人（约 3/4）还是因为没有旁观者在场，而选择了沉默。

最优先考虑的应该是自己的安全，因此我们就会做出"还是不要牵扯上犯罪行为比较好"的判断,选择了对偷窃行为视而不见,默默离去。

那么,有旁观者在场,有人注视的情况下,人们又会做出怎样的行动呢?现在,赶快回想一下你自己的选择吧。

最终,有 39.3% 的人出声喝止了貌似危险分子的 A。这表明,有旁观者的情况下,比起自身的安全,更多的人选择了社会道德和正义。

别人都在看着呢,所以对犯罪行为决不能姑息。于是,你坚定地履行了身为善良市民的义务,面对犯罪行为挺身而出,做出了勇气十足的选择。

没人的时候选择视而不见,有了观众就立刻化身为正义使者了。

这两种不同选择并不是理性思考得出的结论,而是在情感的左右下所做出的判断。

当然,也可能是考虑到因为有旁观者在场,万一发生什么紧急情况也有人帮自己一把,所以人们才会放心地做出义举。但胆小鬼之所以能瞬间化身勇者,究其根本原因,还是因为"有人在注视着你"。

那么,又有多少人出面制止了看起来不像危险人物的 B 呢?结果居然完全相反,仅有 9.7% 的人有所行动。

这个结果着实让人难以理解。没有旁观者的情况下都有 25% 的人出头了呢，这回有旁观者了，居然只有 9.7% 的人有行动，这也太离谱了吧。

不管小偷打扮成什么样，犯罪行为就是犯罪行为。但只有在有旁观者，并且对方看起来像可疑的危险分子时，我们的大脑才会觉得应该做出见义勇为的行为。

不够拉风的场面不值得死撑

其实，我们做出这种行为的理由只有一个，那就是"他人对自己的看法"。

也就是说，当小偷看起来绝非善类时，可以想象，在旁观者眼中，你就是一个勇于向罪恶挑战的正义使者。所以你才会鼓起勇气，挺身而出警告不法者。

相反，如果小偷看上去没什么危险性，即使挺身而出了，也不会被当成勇敢的正义使者，说不定大家反而完全不会把你当一回事儿。

如果自己的行动在别人眼里算不上勇敢正义，那就完全没有强出头的必要。毕竟见义勇为还是有一定危险性的，就算自己不出头，也会有别人站出来，哪里还轮得到自己登场呢？

死要面子强出头的结果,可能只是白忙活一场罢了。

于是,**别人是怎么看的,自己需要付出什么代价,我们往往会在衡量过得失之后,再决定自己在人前的举动,人类的心理就是这么不可思议。**

不管在他人面前表现自己的欲望有多强烈,只要看起来不够出风头,我们就绝不会做无谓的努力。

现实生活中,越是死要面子的男性,越愿意在人多的时候表现自己的"风度"。

"今天我请客。大家就喝个痛快吧",这种好摆谱的男性,你应该也遇到过吧。

当然,如果本身具备相应的经济实力的话,倒也还算正常,想怎么摆谱都是个人自由。

但是,明明没那个本事,却还死要面子硬撑,结果不就是死要面子活受罪吗?

这一点在男性身上表现得尤为明显,旁观者越多,就越有虚张声势强出头的倾向。

也正因如此,才会产生"如果得不到期待的效果,就不愿做无用功"这类完全相反的心理反应了。

面对有希望追求到的女性,我们往往会毫不犹豫地做出完全不符合自身经济实力的投资,可如果一点希望都没有的话,也就不会倾注那么多金钱和精力了。

我们总是会在仔细计算回报，"精打细算"之后再做出行动。

[最重要的往往不是自己想做什么，而是他人对我们所行之事的看法。]

若以报复为目的
就会毫不在乎地做出
对自己百害而无一利的事

视线,会对人心产生种种不同的影响。

正如前文所阐述的那样,他人的视线会使我们变得诚实正直,也会使我们变得自负虚荣。

被人注视着,也就意味着你的行为始终被人看在眼里。

他人会通过观察你的行为,从而对你这个人做出评价。

所以,人们才会对他人的视线表现得极为敏感。

一想到自己正暴露在他人的视线之下,所有的行动被事无巨细地观察着,被评价着,那么任谁都会端起架势,慎重行事了。

于是就会做出一些并非出自真心的行为来——或是变得诚实正直,或是化身正义使者,如此这般,不一而足。

然而,有时他人的视线所带来的压力,也会让人们对视线产生敌对心理,从而让人产生排除视线的冲动。

最恰当的例子，就是常年生活在狗仔队偷拍镜头之下的名人们了。

身为社会名流的他们一天 24 小时都处在狗仔队的围追堵截之中，毫无个人隐私可言。于是有人因此患上了神经衰弱，也有人对狗仔队记者大打出手。

想必你也有过，因为始终被父母和上司观察着自己的一举一动而产生被监视的感觉，进而坐立难安吧。然后你就会产生逃离这种视线的想法，对这种视线产生抵抗情绪。

视线，有时也会激起人的敌意和反抗情绪。

总被盯着会让人产生报复心理

购物结束后，你正准备驾车离开购物中心的停车场。因为适逢周日下午，停车场里车满为患。

这时，你突然注意到有一辆车盯上了你的停车位。那辆车上的司机正死死地盯着你这边的情况。

那么，接下来，你会怎么做呢？

这是美国宾夕法尼亚大学的巴里·鲁巴克（Barry Ruback）教授主持的一项实验，他对准备动身离开购物中心的 200 辆汽车的司机进行了调查。

那么,当你感觉到视线的话,你会尽快开车离去吗?还是会采取其他不同的行动呢?

然而这个实验却并没有得到期待的结果。

当没有其他车等待的时候,司机们启动汽车平均花费了 32.15 秒,而有人等待的情况下,则花费了 39.03 秒,这个结果让人稍感意外。

为什么明知有人在等,却不愿尽快把停车位让出来,反倒故意多留在原地磨蹭呢?

鲁巴克认为,这是因为,**被人死盯着不放,会让人产生自己的领地被侵犯的感觉。**

感到自己的停车位遭到了侵害的司机们,为了维护自己的领地,便向等待中的汽车实施了报复行为,也就是故意磨蹭了片刻。

这与名人们对狗仔队进行的报复行为并无二致。

自己的个人隐私和领地一旦遭到侵犯,我们就会做出报复行为。即便这视线瞄准的只是停车位,我们也会产生抵抗情绪。

对视线产生的报复情绪,离我们并不远。

为了报复宁可吃亏

当视线侵犯了我们的领地时,我们会做出报复行为,同样的,当我们感受到某种压力时,也会对压力的来源产生抗拒,产生与之对抗的冲动。

下面这些情况就是如此。

当别人总盯着你,让你感觉到压力的时候,你可能就会不快地向对方怒道"你看什么看",并狠狠地反瞪回去。当乘坐电车时,旁边的人胳膊肘总是挤向你的方向,挤到你忍无可忍了,你大概也会反过来用胳膊肘狠戳对方几下吧。

又比如说,当你在餐厅吃饭时点了一道极为失败的菜,心中后悔极了,可当朋友一片好心地对你说"我这个挺好吃的,你尝尝呗"的时候,你却会用"不用了。我这个也超好吃的,好吃到我都舍不得让你尝呢"这种谎话与对方抗衡。

面对各种各样的压力,我们都倾向于采用报复的手段来处理,这其实是一种毫无合理性可言的心理反应。

下面这一组实验数据可以证明这种心理倾向。

美国北达科他州立大学的珍妮·福格蒂(Jeanne

Fogarty)调查了 101 名传染病患者同 6 名男医生之间的沟通交流过程。

结果发现,对比态度专业严肃,用肯定、命令的语气与患者交流的医生,以及态度温和、交流方式更加细腻贴心的医生,患者更愿意接受后者而按时吃药。

为了治好病就必须吃药。然而,根据医生态度的不同,患者对吃药的必要性的感知程度也会随之变化。

这大概是因为,采取高压态度的医生让患者们产生了反感情绪,即使对自己完全没有好处,患者们还是会不由自主地做出反抗医生指示、不吃药的行为,也就是对抗行为。

对医生的指示照单全收的话,即意味着对采取高压态度的医生的服从。我们可以毫不抗拒地服从对自己温柔以待的医生的指示,而那位让人不爽的严厉大夫的指示,我们却死都不愿意听从。

因为一旦妥协了,那么自己的价值和自尊就显得一文不值了。

我们将不吃药的行为,视做了自己没有彻底服从的象征,并欲借此确立自己的价值。

即使这种想法是不合理的,是对自己毫无益处的,却还是会默默地抗拒医生的指示,这在心理学上是一种极为自然的行为。

即使清楚对方所说的话是百分百正确的，可如果对方的手段过于强硬、过于高压，或是我们主观上厌恶此人，又或是对对方的做法有所不满，这都会导致我们无法老老实实地认同对方。

因为如果那么做了，就相当于彻底承认了自己的失败。以失败者的形象完全服从于对方，更何况是自己极度厌恶的对象，这是我们绝对要避免的。

于是，不管这种抗拒会给我们自己带来多大的损害，会令自己立于何种不利之地，我们依然会反驳对方，依然会同对方抗争。

报复过后，心中便好似出完了一口恶气，我们也终于能够恢复平常心了。

德国科布伦茨－兰道大学的马里奥·戈尔维策（Mario Gollwitzer）曾通过实验证明，无论结果会让我们有多悔恨懊恼，只要能达到报复对手、让对手后悔的目的，我们的心情就会瞬间由阴转晴了。

报复行为，是一种理想的消解压力的手段。

[对方栽跟头的丑态，既能让我们感受到胜利的甜美，也会带来罪恶感。]

为摆脱罪恶感

人们会主动行使善举

不过罪恶感是可以通过金钱来抵消的

访日的外国游客一年比一年多了。

让外国游客一致发出惊叹的，就是日本异常整洁、清扫得片尘不染的街道。

而且，还有一点让他们百思不得其解的是，大街上明明一个垃圾箱都没有，却没有一个人随地乱扔垃圾。

确实，当我们去国外时，经常会看到道路两旁垃圾箱排排站的景象，垃圾箱里的垃圾满得溢出来撒得到处都是的情况也不少见，因此外国游客会产生这样的疑问也不奇怪。

不过，如果您是日本人的话就能理解了。

即使四下无人，也绝不愿在马路上乱扔垃圾。我们的良心绝不允许自己做出这种行为。

正因为几乎所有的日本人都持有这种观念，所以才能维持街道的干净整洁。

这种良心、道德心、公德心，是决

定我们行为的极大要因。

　　你在购物结束后来到停车场，返回了自己的车里。

　　这时，你看到旁边两个年轻人随手把快餐包装袋扔到了停车场的地上，扬长而去。

　　四下看了看，你发现这个停车场的地上到处都是纸杯啊烟头啊什么的，垃圾遍地。看样子根本没有好好打扫过。

　　这时，你发现有一张印着"小心驾驶"之类文字的传单夹在了你车子的雨刷上。

　　那么，你是会把这样的传单拿回家呢？还是随手扔到地上呢？

　　这是美国圣母大学的雷蒙德·雷诺（Raymond Reno）以 173 名司机为调查对象进行的一项实验。

　　乱扔垃圾的年轻人，实际上是协助实验的学生。

　　那么，这个实验的结果如何呢？

　　最终，有 30% 的司机把夹在雨刷上的传单扔到了地上。

　　不过，当停车场被清扫得很彻底，地面上一尘不染时，在这种与之前完全相反的场景下，司机们乱扔垃圾的概率就大幅降至 11％。

　　也就是说,在满地垃圾的停车场里乱扔垃圾,不会让我们产生任何罪恶感,而在干净整洁的停车场里扔垃圾,就会令我们遭受罪恶感的煎熬,所以我们就会克制自己,不让自己做出不道德的行为。

　　随后,研究人员又给实验设置的场景里增加了一些变化,并继续观察司机们的行为。

　　这次,学生们没有在司机面前乱扔垃圾,而是捡起了落在地上的垃圾。

　　在这种情况下,不管停车场里是垃圾遍地还是片尘不染,基本所有人都选择了将垃圾带回家,乱扔垃圾的概率仅为 4％～7％。

　　将眼前年轻人的"善举"看在眼里的司机们,也不自觉地开始模仿对方的举动,在对方的影响下,司机们也就不会做出让自己蒙羞的行为了。

　　不会给自己带来罪恶感的行为,会给我们的内心带来舒畅愉悦的感受。

　　正因为每个人都尊重社会的秩序和道德,以及自己身为人类的良心,罪恶感才会成为人类行动的重要动机。

罪恶感可以一笔勾销

煎熬人心的罪恶感,其实可以用支付代价的方式一笔勾销。

这里,我想分享一组非常有趣的实验数据。

以色列理工学院的尤里·格尼茨(Uri Gneezy)在 10 家幼儿园的协助下,展开了为时 20 周的调查研究。

这些幼儿园都设有关门时间,都要求家长必须在关门时间,即下午四点之前将孩子接回家。

在最初四周的观察中,研究人员发现,不遵守关门时间的家长为数不少,他们每次都满怀歉意地解释说自己是因为工作太忙才来晚的,可还是每天都迟到。

于是,在第五到第六周期间,幼儿园开始对迟到者处以罚款。

园方的初衷是,期望罚款制度能刺激家长们严格遵守关门时间,因为不管是谁,肯定都不愿意支付罚款,增加无谓的开销。

然而,事态与想象的截然不同。

不遵守关门时间的家长竟然层出不穷,越来越多。

"我都愿意交罚款了,稍微迟到一会儿又怎么了",原本每次迟到时都苛责着自己的罪恶感,通过付钱的方式消失得一干二净,家长们的心态随之改变了。

金钱成了交易的材料,家长和幼儿园之间也瞬间变质为公事公办的关系。

然而幼儿园并非营利性团体,为了防止道德风险(moral hazard)的产生,罚款制度最终被取消了。

然而,虽然从第七周开始恢复到了原来的制度,可不遵守关门时间的人数并没有恢复到以前的状态。

十分遗憾,他们一度崩坏的道德观念,在后续的观察期间内,也完全没有显示恢复的迹象。

[罪恶感和良心能够支配我们的行动,但我们却可以通过支付金钱的方式脱离它们的支配,获得自由。]

罪恶感是种任谁都不想背负的感情。同样，欠债时的"内疚感"和"自卑感"也是我们想尽量敬而远之的情感。

因此，就像我们很乐于通过支付代价而消除罪恶感一样，为了远离内疚感，人们也选择了一种独有的方式。

即使，这种方式会使我们遭受损失。

假设你是一位乡镇小工厂的经营者。

如果现在为工厂的机器设备更新换代的话，作业效率就能得到两倍的提升，但因为这是笔巨款，因此你必须向银行申请贷款。

而且，你也无法保证设备更新后，工厂的利润也会随之提高两倍。

那么，你会选择向银行贷款，积极扩大生产规模吗？

还是不愿背负贷款所带来的压力，继续现在这样细水长流、一步一个

投资机会虽千载难逢

可若要为之举债

倒不如就此放弃

163

脚印的经营模式呢？

　　你会做出什么样的判断呢？

　　作为一个经营者，哪怕是背负贷款，也应采取积极的经营政策，以推动企业发展，这才是最为合理的判断。没有持续的投资，企业的经营也就难以为继。

　　这才是健康的经济活动，也是资本主义经济的基础。不举债，就得不到投资的机会。

　　用理性的眼光来看，借钱绝不是消极的行为，反而是积极的举措。

　　然而，还是有很多人坚持认为，只要资金周转上没有遇到困难，就绝不该借钱。在他们的观点中，负债是负面的，是消极的。

　　都说日本人大多讨厌借钱。因为我们总觉得借钱是可耻的，是让人自卑的，一旦背负欠款，即使是拼了老命也要早日还清。

　　即使是通常不会令人产生抗拒感的购房贷款，也会让我们多少有些介怀，在日本，据说依然有两成左右的人会选择完全不依靠贷款，支付全款购房。因为不愿贷款，所以就把现金攒够了再买，有这种心态的购房者也不在少数。

抗拒负债的日本人

香港大学的心理学家沈浩曾做过这么个有趣的实验。

下面就请诸位读者和我一起思考一下。

你和朋友在机场偶遇。因为住得比较近,于是你们决定一起打出租车回家。

到了目的地,该付车费了,这时朋友突然说这趟车费由他付。这时,你会怎么办呢?

一般来说,可以有下面三个选择。

①让朋友付
②打断朋友的话,要求由自己来付
③AA 制

因为我的读者大多是日本人,所以可以想象,你的答案肯定是③AA 制。因为在这种情况下,基本所有的日本人都会做出这样的选择。

实际上,该实验是将测试对象分为北美人(大多为美国白人)和亚洲人两组展开的。

结果,有91%的亚洲人选择了③AA制,选择①的人只占9%,而选择②,提出由自己来付的更是一个都没有。

日本人当然也是亚洲人。由此可以看出,基本所有的日本人都一样,比起受人款待,更愿意选择AA的付款方式。

为什么我们会做出这样的选择呢?

主持实验的沈浩认为,亚洲人很难忘记受之于他人的恩惠,对于他人施以的恩惠,亚洲人想支付回报、想报恩的愿望特别强烈。

也就是说,无关金额多少,受恩于人的行为本身就会让我们产生内疚感。这种内疚感成为我们亏欠对方的债,始终让我们觉得在对方面前抬不起头来,这种情感,是亚洲人非常不喜欢的。

因此,面对有人代付打车费这种好事,我们也会婉言谢绝,转而选择互不相欠的办法,也就是AA制。

那么,北美人又是什么情况呢?

最终,北美人有59%选择了③,也是选择AA的人数最多,但基本没有亚洲人问津的①和②两个选项,却在北美人中分别得到了26%和15%的支持率,还是有很多人做出了 AA 制之外的选择。

这是因为,在北美人眼中,打车费不过是笔小钱罢了,就算对方替自己付了,也不会觉得欠对方人情,这正是基督教彼此关爱互助的思考方式的体现,因此北美人不会很介意到底由谁来掏这笔钱。

而亚洲人却无法轻率地看待这种交流方式,因对恩惠过于敏感,他人的亲切举动反而会成为他们"内心的债务"。

于是,即便是面对极小的"恩惠",也会让我们产生"总有一天要还"的负债感,既然如此,还不如从一开始就拒绝接受他人的亲切。

与其受到内疚感的煎熬,我们更愿意婉言谢绝他人的好心。

[即使牺牲合理性和经济利益,我们也要优先自己的感情。]

本书通过最贴近我们日常生活的案例，以简明易懂的解说方式，将诸多心理实验数据呈现在了大家的眼前。

感情能够极大程度地左右我们的经济行为，随着这一观点的普及，以经济类杂志为首的各类市场营销、广告、消费者行为分析等相关学术杂志，都开始不吝篇幅地为我们提供越来越多的心理实验数据。

正如您在本书中读到的，这些心理实验中不乏内容有趣、立意新奇、全面严谨、值得人拍手称道的案例。

然而，因文字艰涩难懂，不利于普通人的阅读和理解，导致很多实验并不为一般大众所知。

这不能不说是一件憾事。

为了让每个人都能从自己的角度去理解这些艰涩的实验，本书试图以最为简单浅显的例子，以最简练易懂的语言为大家一一解读这些案例。

书中共为您介绍实验 50 余例，其

中更有许多案例为首次在我国(日本)公开。

相信通过这些实验得出的结果,您将会对人类心灵的真面目,对这些不可思议的心理法则有更为深刻的理解。

我们总是在感情的支配下,轻易落入心理的陷阱。但是如果我们熟知这些心理法则,相信就能够做出更加正确的判断了。

最后,笔者想对阅读至此的诸位读者致以诚挚的谢意。本书能最终得以付梓,离不开诸位读者的支持。

最后,向 PHP 研究所生活教养出版部的大谷泰志总编致以谢意,就此搁笔。

内藤谊人

169

后记

感情扰乱你的判断

图书在版编目(CIP)数据

金钱的有缘人和无缘人的心理法则 / (日)内藤谊人著;
池淼译. —杭州:浙江大学出版社,2016.7
ISBN 978-7-308-15926-5

Ⅰ.①金… Ⅱ.①内…②池… Ⅲ.①消费心理学—
通俗读物 Ⅳ.①F713.55-49

中国版本图书馆 CIP 数据核字(2016)第 123470 号

金钱的有缘人和无缘人的心理法则
(日)内藤谊人 著
池 淼 译

责任编辑	卢 川	
责任校对	杨利军 陈 园	
封面设计	续设计	
出版发行	浙江大学出版社	
	(杭州市天目山路 148 号 邮政编码 310007)	
	(网址:http://www.zjupress.com)	
排 版	杭州林智广告有限公司	
印 刷	浙江海虹彩色印务有限公司	
开 本	850mm×1168mm 1/32	
印 张	5.75	
字 数	93 千	
版 印 次	2016 年 7 月第 1 版 2016 年 7 月第 1 次印刷	
书 号	ISBN 978-7-308-15926-5	
定 价	28.00 元	

版权所有 翻印必究 印装差错 负责调换
浙江大学出版社发行中心联系方式 (0571)88925591;http://zjdxcbs.tmall.com